JN009094

中学英語
テスト サンシャイン 予想問題集 3
完全準拠

SUNSHINE ENGLISH COURSE

開隆堂

この本の特色と使い方

『サンシャイン完全準拠　テスト予想問題集』は，中学校英語教科書 SUNSHINE ENGLISH COURSE に沿って作られた，実践的なテスト予想問題集です。授業の小テストから定期テストまで，あらゆるテスト対策に役立ててください。

● 各プログラムやセクションごとの要点とポイント ●

各プログラムやセクションごとに学習事項が簡潔にまとめてあります。解説のあとには学習事項が習得できたかを見るための小テスト「Check」があります。

● まとめテスト ●

見開き 2 ページで構成され, 各プログラムに 1 回～ 2 回ずつの「まとめテスト」があります。リスニング，語句，適語補充，適語選択，英語で表現，読解など多様な形式の設問が用意されています。

● 定期テスト予想問題 ●

見開き 2 ページで構成され，2 プログラムごとに 2 回ずつのテストがあります。こちらも多様な形式の設問が用意され，定期テストを想定した問題となっています。

スマートフォンやタブレットなどで QR コードを読み取ってみよう

「Google Play（Play ストア）」・「App Store」で QR コードのリーダーをインストールしてください。QR コードのリーダーを起動し，「QR コードを読み取る」と自動的に URL にジャンプします。

出典）

Reading 1: Yukio Tsuchiya（Translated by Tomoko Tsuchiya Dykes）: *FAITHFUL ELEPHANTS A True Story of Animals, People and War* Houghton Mifflin Company

Further Reading 2: Text Copyright©2006 Michelle Knudsen, Illustrations©2006 Kevin Hawkes, LIBRARY LION by Michelle Knudsen & illustrated by Kevin Hawkes, Reproduced by permission of Walker Books Ltd, London SE11 5HJ, www.walker.co.uk through Japan UNI Agency, Inc.

イラスト　いのうえたかこ，藤井一士（スタジオオイル）

目次

PROGRAM 1

Bentos Are Interesting!

教科書 pp.7 ~ 18

Word Web ① / Steps 1

1 ask[tell / want] ~ to ...

Mr. Oka told *us* to write a speech.

(岡先生が私たちにスピーチを書くように言っていました。)

☑ 〈ask ~ to ...〉で「~に…するように頼む」,〈tell ~ to ...〉で「~に…するように言う」,〈want ~ to ...〉で「~に…してほしいと思う」という意味になります。

☑ 〈~〉と〈...〉は主語と述語の関係になります。

✓Check 次の日本語に合う英文になるように, ______ に適切な語を1つずつ書きなさい。

(1) 私は母に，私たちに弁当を作ってくれるように頼みました。

I ______ my mother ______ ______ *bentos* for us.

★「~に…するように頼む」は〈ask ~ to ...〉の形で表す。

(2) 吉岡先生は私たちに教科書を閉じるように言いました。

Ms. Yoshioka ______ ______ ______ ______ our textbooks.

★「~に…するように言う」は〈tell ~ to ...〉の形で表す。

(3) 私たちはあなたに，そのパーティーに来てほしいと思っています。

We ______ ______ ______ ______ to the party.

★「~に…してほしいと思う」は〈want ~ to ...〉の形で表す。

2 It is ~ (for +人) to ....

It's difficult for *me* to read *kanji*.

(私には漢字を読むのが難しいのです。)

☑ 「…するのは~である」と表す場合，不定詞〈to + 動詞の原形〉や動名詞〈動詞の -ing 形〉を主語にして表すことができますが，主語が長くなる場合には〈It is ~ to ....〉の形がよく使われます。

☑ 「(人)が［(人)にとって］…するのは~である」と，to 以下の動作などを行う人を明確に示す場合は，〈for + 人〉を〈to ...〉の前に入れます。

☑ ふつうの be 動詞の文と同様，疑問文は be 動詞 is を主語 it の前に出し，否定文は be 動詞 is のうしろに not を置きます。

このItは〈to ...〉の部分を指す仮の主語だよ。「それ」という意味は持っていないので注意しよう。

✓Check　次の日本語に合う英文になるように，______に適切な語を１つずつ書きなさい。

(1)　旅行でお気に入りの駅弁を見つけるのは楽しいです。

It's fun ______ ______ your favorite *ekiben* on a trip.

★「…するのは～である」は〈It is ～ to ....〉の形です。

(2)　あなたにとって英語を話すことは難しいですか。

______ ______ difficult ______ ______ to speak English?

★「～にとって」は〈for＋人〉。〈It is ～ to ....〉の疑問文はふつうの be 動詞の文と同じ作り方。

(3)　間違うことは悪いことではありません。

It ______ ______ ______ make mistakes.

★〈It is ～ to ....〉の否定文はふつうの be 動詞の文と同じ作り方。

(4)　私には彼の話を理解するのが簡単ではありませんでした。

It ______ easy ______ me ______ ______ his story.

★過去の文なので，be 動詞を過去形に。

3　〈主語＋be 動詞＋形容詞＋that ～.〉

I'm afraid that it will rain.

（雨が降らないか心配です。）

☑ afraid（恐れている），glad（うれしい），sure（確かな），surprised（驚いて）などの感情を表す形容詞のあとに〈that＋主語＋動詞～〉を続けて，「…なので～／…して～」とその原因・理由を表したり，「…ということを～」と具体的な内容を表したりすることができます。

☑〈that＋主語＋動詞～〉の that はしばしば省略されます。

✓Check　次の日本語に合う英文になるように，______に適切な語を１つずつ書きなさい。

(1)　私は，あなたがおはぎを気に入ってくれてとてもうれしいです。

I ______ ______ ______ you like *ohagi*.

★「～してくれてうれしい」は〈be glad[happy] that＋主語＋動詞～〉の形で表す。

(2)　私たちは，あなたが日本についてとても詳しいということに驚いています。

We ______ ______ ______ you know a lot about Japan.

★「～ということに驚いている」は〈be surprised that＋主語＋動詞～〉の形で表す。

(3)　私たちは，彼がそのバスを逃してしまわないか心配です。

We ______ ______ ______ will miss the bus.

★「～しないか心配だ」は〈be afraid that＋主語＋動詞～〉の形で表す。that は省略できる。

(4)　私は，あなたが異なる見た目と味の昼食を見つけることができると確信しています。

______ ______ ______ can find a lunch with a different look and taste.

★「～と確信している」は〈be sure that＋主語＋動詞～〉の形で表す。that は省略できる。

PROGRAM 1

まとめテスト　第1回

Word Web ① / Steps 1

教科書 pp.7 ～ 18

目標時間	得点
30分	／100

1 リスニング　それぞれの対話を聞き，内容に合う絵を選び，記号で答えなさい。

（3点×2＝6点）

ア

イ

ウ

エ

(1)（　　　　）(2)（　　　　）

2 語句　英語は日本語に，日本語は英語にしなさい。　（2点×6＝12点）

(1) bread　（　　　　　）　(2) stapler　（　　　　　）

(3) deliver　（　　　　　）　(4) サービス　s _ _ _ _ _ e

(5) 発展させる　d _ _ _ _ _ p　(6) 違った，異なる　d _ _ _ _ _ _ _ t

3 適語補充　日本語に合う英文になるように，（　　）に適切な語を書きなさい。

（完答4点×3＝12点）

(1) 私はしばしばスポーツをします。たとえば，週末にはテニスをします。

I often play sports.（　　　　）（　　　　）, I play tennis on weekends.

(2) 私は毎朝シャワーを浴びます。

I（　　　　）（　　　　）（　　　　）every morning.

(3) 私は10年以上そのレストランで働いています。

I have worked at the restaurant for（　　　　）（　　　　）ten years.

4 書きかえ　次の各組の英文がほぼ同じ内容を表すように，（　　）に適切な語を書きなさい。

（完答5点×3＝15点）

(1) The teacher said to his students, “You must be quiet.”　➡1

The teacher（　　　　）his students（　　　　）（　　　　）quiet.

(2) You are here now. I’m glad about that.　➡3

I’m（　　　　）（　　　　）you are here now.

(3) Swimming in that river is dangerous for children.　➡2

（　　　　）dangerous for children（　　　　）（　　　　）in that river.

5 **整序** 日本語に合う英文になるように，(　　)内の語を並べかえて全文を書きなさい。

(5点×3＝15点)

(1) よい友だちを持っていることはとても大切です。

(have / is / good / important / it / friends / to / very). ➡2

(2) あなたといっしょにその動物園に行けるので，私はわくわくしています。

(zoo / that / to / can / with / excited / go / I'm / I / you / the). ➡3

(3) 彼に正午に私の家を訪ねるように言っていただけませんか。

(visit / house / tell / noon / my / could / him / you / to / at)? ➡1

6 **英語で表現** 次のような場合にどう言うか，英語で書きなさい。ただし，(　　)内の語を使うこと。

(6点×2＝12点)

(1) 相手にピアノをひいてほしいと伝える場合（want） ➡1

(2) 相手に，相手がとてもじょうずに英語を話せるので驚いていると伝える場合（that） ➡3

7 **読解** 次の対話文を読んで，あとの問いに答えなさい。 〔計28点〕

Mao: Oh, it's almost noon. Let's eat lunch.
Bill: I've been waiting for ①that word.
Mao: Here is your *bento*.
Bill: Thanks. Did you make it?
Mao: No. I asked my mother to make *bentos* for us.
Bill: Wow! It's so cute and colorful!
Mao: This is a *kyara-ben*, or a character *bento*. It's popular in Japan. Do you like it?
Bill: Yes, very much. I don't like carrots, but I can eat them ②in this way.

(1) 下線部①の内容を本文中から１文で抜き出しなさい。 (4点)

(2) 下線部②とはどのような方法ですか。日本語で答えなさい。 (8点)

(　　　　　　　　　　　　　　　　)

(3) 本文の内容に合うものには○を，合わないものには×を書きなさい。 (8点×2＝16点)

(a) Mao's mother made *bentos* for Mao and Bill's lunch. (　　)

(b) Mao says her *kyara-ben* is so cute and colorful. (　　)

PROGRAM 1

まとめテスト　第2回

Word Web ① / Steps 1

教科書 pp.7～18

目標時間	得点
30分	／100

1 リスニング　明たちの対話を聞き，内容に合うものを選び，○で囲みなさい。（5点×2＝10点）

(1) 明は，明日香はパーティーでピアノを

（ ひいてくれる ／ ひいてくれない ）のではないかと思っている。

(2) 明は，本の話を理解するのは（ 難しい ／ 簡単だ ）と思っている。

2 語句　英語は日本語に，日本語は英語にしなさい。（2点×6＝12点）

(1) fantastic （　　　　）　(2) own （　　　　）

(3) spend （　　　　）　(4) ブラシをかける　b _ _ _ _

(5) 正午　n _ _ n　(6) 入手できる　a _ _ _ _ _ _ ble

3 適語補充　日本語に合う英文になるように，（　）に適切な語を書きなさい。

（完答4点×3＝12点）

(1) 私は夏休みが待ちきれません。

I can't (　　　) (　　　) the summer vacation.

(2) これらの野菜をこのようにして切ってください。

Please cut these vegetables (　　　) (　　　) (　　　).

(3) 私は大きな動物，例えばライオンやゾウなどが大好きです。

I love large animals, such (　　　) lions and elephants.

4 整序　日本語に合う英文になるように，（　）内の語句を並べかえて全文を書きなさい。

（5点×3＝15点）

(1) あなたにとってマンガを読むことは楽しいですか。

(read / for / comics / to / it / fun / you / is)?　➡ 2

____

(2) 母は私に手を洗うように言いました。

(to / my hands / me / my mother / wash / told).　➡ 1

____

(3) 私たちは，彼が来てくれると確信しています。

(we / he / come / sure / will / are).　➡ 3

____

5 **書きかえ** 次の英文を(　　)内の指示にしたがって書きかえなさい。 (6点×2＝12点)

(1) Studying math wasn't interesting for me. (It で始まるほぼ同じ意味を表す文に) ➡2

____

(2) I was very happy.

(that を使って「トム(Tom)が私の家に来てくれて」という表現を加えて) ➡3

____

6 **英語で表現** 次のような場合にどう言うか，英語で書きなさい。ただし，(　　)内の語を使うこと。 (6点×2＝12点)

(1) 相手に，自分たちには英語を学ぶことが大切だと伝える場合 (it) ➡2

____

(2) 相手に，その駅にいっしょに行ってくれるように頼む場合 (ask) ➡1

____

7 **読解** 次のブログを読んで，あとの問いに答えなさい。 〔計27点〕

> Japanese people often use ①a (　　) (　　) food when they make *bentos*. A Japanese *bento* is very colorful and well-balanced in nutrition.
>
> Today many countries have developed their own unique lunch culture. For example, Mumbai in India is famous for its ②lunch delivery service. Hot lunches from home are delivered to schools or workplaces without fail.
>
> Why don't you try a local lunch when you travel abroad? I'm sure you can find a lunch with a different look and taste.

(1) 下線部①が「さまざまな」という意味になるように，(　　)に適する語を書きなさい。 (完答3点)

a (　　　　) (　　　　)

(2) ブログで述べられている日本のお弁当の特徴を説明した文になるように，(　　)に適する日本語を書きなさい。 (4点×2＝8点)

とても(a) (　　　　　　) で，(b) (　　　　　　) お弁当である。

(3) 下線部②のサービスとはどのようなサービスですか。日本語で具体的に答えなさい。 (8点)

(　　　　　　　　　　　　　　　　　　　　)

(4) 筆者は海外の地元のお弁当を試すことで，何ができると考えていますか。日本語で答えなさい。 (8点)

(　　　　　　　　　　　　　　　　　　　　)

PROGRAM 2

Good Night. Sleep Tight.

教科書 pp.19～27

1 〈who など＋主語＋動詞〉を含む文(動詞のあとにくるとき)

I can't remember where I put my key.

(自分のかぎをどこに置いたのか思い出せないのです。)

how many ～「いくつの～」や what time「何時」など，2語以上で疑問詞の役割をはたしているものも〈how many ～ / what time など＋主語＋動詞〉の語順で，動詞のあとに置くことができるよ。

☑ who などの疑問詞で始まる疑問文で表される内容（「だれが～か」など）を，動詞のあと（「～を」の部分）に置くことができます。この場合，疑問文で表される内容は〈who など＋主語＋動詞〉の語順になります。この中の動詞は，疑問詞のあとの主語の人称や，いつのことを述べているのかによって形を変化させます。

例 Where did I put my key? ＋ I can't remember.

〈did＋主語＋動詞の原形〉→〈主語＋動詞の過去形〉

＝ I can't remember where I put my key.

☑ 疑問詞が主語の疑問文で表される内容は，疑問文の語順のままで表します。

例 Who made this cake? ＋ I don't know.

＝ I don't know who made this cake.（私はだれがこのケーキを作ったのか知りません。）

✓Check 次の日本語に合う英文になるように，＿＿＿に適切な語を１つずつ書きなさい。

(1) 私は何時に鈴木先生をその公園で見かけたのか覚えていません。

I don't remember ＿＿＿ ＿＿＿ ＿＿＿ ＿＿＿ Mr. Suzuki in the park.

★「何時に」は what time で表す。

(2) あなたはだれがそのパーティーに参加したか知っていますか。

Do you know ＿＿＿ joined ＿＿＿ ＿＿＿?

★「だれが～か」は疑問詞が主語の疑問文で表される内容。

📖(3) あなたは睡眠がどのように私たちの健康に影響を及ぼすのかを知っているべきです。

You should know ＿＿＿ ＿＿＿ ＿＿＿ our health.

★「どのように」は how で表す。疑問詞のあとの主語が三人称・単数であることに注意。

(4) 彼女がどのくらい長く日本に滞在しているのか私は知りません。

I don't know ＿＿＿ ＿＿＿ she has stayed in Japan.

★「どのくらい長く」は how long で表す。「どのくらい長く～しているか」は継続を表す現在完了を使って表す。

(5) 彼が何をしようと思っているのか私には理解できません。

I can't understand ＿＿＿ ＿＿＿ ＿＿＿ ＿＿＿.

★助動詞を含む場合は〈what など＋主語＋助動詞＋動詞の原形〉の語順になる。

2 〈who など＋主語＋動詞〉を含む文(〈動詞＋人など〉のあとにくるとき)

Can you tell *me* where Ms. Hara is?

(原先生がどこにいるか私に教えてもらえますか。)

☑ 〈who など＋主語＋動詞〉は，〈動詞＋人など＋もの〉「(人など)に(もの)を～する」の〈もの〉の部分に置くこともできます。

✓Check 次の日本語に合う英文になるように，＿＿に適切な語を１つずつ書きなさい。

(1) あなたがなぜアメリカ合衆国に行きたいのか私に教えていただけませんか。

Could you tell me ＿＿＿ ＿＿＿ ＿＿＿ to go to the U.S.?

★「なぜ」は why で表す。

(2) 京都でどこを訪れるべきか私に教えてください。

Please tell me ＿＿＿ ＿＿＿ ＿＿＿ ＿＿＿ in Kyoto.

★助動詞を含む場合は〈when など＋主語＋助動詞＋動詞の原形〉の語順になる。

3 〈主語＋動詞[tell など]＋人など＋that ～.〉

Mr. Ito told *me* that the key had a red bell.

(伊藤先生はそのかぎには赤い鈴がついていると言っていました。)

☑ tell や show などの動詞は，〈人など〉のあとに，〈that＋主語＋動詞～〉「～ということ」を続けることができます。

☑ 文の動詞を過去形で表すときは，〈that＋主語＋動詞～〉の動詞も，現在形や未来を表す形ではなく，過去形で表します。

✓Check 次の日本語に合う英文になるように，＿＿に適切な語を１つずつ書きなさい。

📖(1) その結果は，人々は昼寝のあとによりよく働くことができるということを私たちに教えてくれています。

The results ＿＿＿ ＿＿＿ ＿＿＿ people can work better after a nap.

★「人々は～できるということ」の部分が〈動詞＋人など＋もの〉の〈もの〉にあたる文。

(2) その本は，私たちの考えが間違っているということを私たちに示していました。

The book ＿＿＿ ＿＿＿ ＿＿＿ our ideas ＿＿＿ wrong.

★「～ということを示していました」なので，文の動詞と〈(that＋)主語＋動詞～〉の動詞は過去形に。

(3) 私はパーティーに行くことができないと，彼に伝えてください。

Please ＿＿＿ ＿＿＿ ＿＿＿ can't go to the party.

★〈that＋主語＋動詞～〉の that は省略できる。

PROGRAM 2 まとめテスト　第1回

教科書 pp.19 ～ 27

目標時間	得点
30分	／100

1 リスニング　ケビンから隆司《たかし》への電話のメッセージを聞き，正しいものには○を，正しくないものには×をつけなさい。　(3点×3＝9点)

(1) Kevin knows when they will see the movie.　(　　)

(2) Kevin knows where he will meet Takashi.　(　　)

(3) Kevin doesn't know what time the movie will start.　(　　)

2 語句　英語は日本語に，日本語は英語にしなさい。　(2点×6＝12点)

(1) brain　(　　　　)　(2) bamboo　(　　　　)

(3) improve　(　　　　)　(4) エネルギー　e＿＿＿＿y

(5) 標識，表示　s＿＿＿　(6) 光っている，明るい　b＿＿＿＿t

3 適語補充　日本語に合う英文になるように，(　　)に適切な語を書きなさい。　(完答4点×3＝12点)

(1) 私は熱心に英語を勉強しました。その結果として，私は英語をじょうずに話すことができます。

I studied English hard. (　　　) (　　　) (　　　), I can speak English well.

(2) 週末になると，そのレストランは人でいっぱいです。

On weekends, the restaurant is (　　　) (　　　) people.

(3) 最善をつくしたにもかかわらず，私たちのチームは1等賞をとることができませんでした。

Our team couldn't win the first prize (　　　) (　　　) we did our best.

4 書きかえ　次の各組の英文がほぼ同じ内容を表すように，(　　)に適切な語を書きなさい。　(完答5点×3＝15点)

(1) Where does Hana live? Do you know?　➡1

Do you know (　　　) (　　　) (　　　)?

(2) Takuya said to me, "I want to go to the sea."　➡3

Takuya (　　　) me (　　　) he (　　　) to go to the sea.

(3) Could you tell me what to do next?　➡2

Could you tell me (　　　) (　　　) (　　　) (　　　) next?

5 **適語補充** 日本語に合う英文になるように，＿＿＿に適切な英語を書きなさい。

(5点×3＝15点)

(1) なぜ彼女が今日学校に来なかったのか教えてください。 ➡2

Please tell me ＿＿＿＿＿＿＿＿＿＿＿＿＿＿＿＿ to school today.

(2) トムは彼らに，私が間違っていないということを示してくれました。 ➡3

Tom ＿＿＿＿＿＿＿＿＿＿＿＿＿＿＿＿＿＿＿＿ wasn't wrong.

(3) 私はだれがその写真を撮ったのか覚えていません。 ➡1

I don't remember ＿＿＿＿＿＿＿＿＿＿＿＿＿＿＿＿＿＿＿＿.

6 **英語で表現** 次のような場合にどう言うか，英語で書きなさい。ただし，(　　)内の語句を使うこと。

(5点×2＝10点)

(1) 丘先生(Mr. Oka)に明日は学校に行けないと伝えてくれるように相手に頼む場合 (that) ➡3

＿＿＿＿＿＿＿＿＿＿＿＿＿＿＿＿＿＿＿＿＿＿＿＿＿＿＿＿＿＿

(2) 遠くにある箱を指さして，中に何が入っているのか知っているかと相手にたずねる場合 (in that box) ➡1

＿＿＿＿＿＿＿＿＿＿＿＿＿＿＿＿＿＿＿＿＿＿＿＿＿＿＿＿＿＿

7 **読解** 次の対話文を読んで，あとの問いに答えなさい。

〔計27点〕

Ms. Miller:	You look sleepy today, Ken.
Ken:	I slept only four hours last night.
Ms. Miller:	Only four hours? You should know how sleep affects our health. I don't think a lot of Japanese people sleep enough.
Ken:	Really? How long do people usually sleep in your country?
Ms. Miller:	I have no idea, but many doctors say we need to sleep at least six hours a day.
Ken:	Then I'll sleep eight hours tonight.
Ms. Miller:	Wait. I've heard you can't make up for lack of sleep later.

(1) 下線部について，健が眠そうである理由を日本語で説明しなさい。 (7点)

(　　　　　　　　　　　　　　　　　　　　)

(2) 多くの医師は，睡眠についてどのような見解を持っていますか。日本語で説明しなさい。 (5点)

(　　　　　　　　　　　　　　　　　　　　)

(3) 本文の内容に合うものには○を，合わないものには×を書きなさい。 (5点×3＝15点)

(a) Ms. Miller thinks many Japanese people have lack of sleep. (　　)

(b) Ms. Miller knows how long people in her country usually sleep. (　　)

(c) Ms. Miller doesn't think Ken will be able to make up for lack of sleep. (　　)

PROGRAM 2

まとめテスト　第2回

教科書 pp.19 ～ 27

目標時間	得点
30分	／100

1 **リスニング** 対話や説明を聞き，内容に合う絵を選び，記号で答えなさい。（3点×2＝6点）

ア

イ

ウ

エ

(1)（　　　　）(2)（　　　　）

2 **語句** 英語は日本語に，日本語は英語にしなさい。（2点×6＝12点）

(1) body　（　　　　）　(2) affect　（　　　　）

(3) cross　（　　　　）　(4)（時間の）分　m＿＿＿＿e

(5) 失う，なくす　l＿＿＿　(6) 今夜（は）　t＿＿＿＿＿＿t

3 **適語補充** 日本語に合う英文になるように，（　）に適切な語を書きなさい。

（完答4点×3＝12点）

(1) 申し訳ありませんが，私にはわかりません。

I'm sorry, but I have (　　　　) (　　　　).

(2) 昨夜はすぐに眠りに落ちることができませんでした。

I couldn't (　　　　) (　　　　) soon last night.

(3) 私たちは資金不足を補う方法について考えなければなりません。

We must think about a way to (　　　) (　　　) (　　　) the lack of money.

4 **整序** 日本語に合う英文になるように，（　）内の語句を並べかえて全文を書きなさい。

（5点×3＝15点）

(1) あなたはだれがその話をしてくれたのか知っていますか。

(know / told / do / who / the story / you / you)?　➡1

＿＿＿＿＿＿＿＿＿＿＿＿＿＿＿＿＿＿＿＿＿＿＿＿＿＿＿＿＿＿

(2) この本があなたに，違った考えがあるということを示してくれるでしょう。

(you / there / book / different / this / are / show / ideas / will).　➡3

＿＿＿＿＿＿＿＿＿＿＿＿＿＿＿＿＿＿＿＿＿＿＿＿＿＿＿＿＿＿

(3) 何時に家を出発するのかもう決めましたか。

(leave / you / home / will / decided / yet / what / you / have / time)?　➡1

＿＿＿＿＿＿＿＿＿＿＿＿＿＿＿＿＿＿＿＿＿＿＿＿＿＿＿＿＿＿

5 **書きかえ** 次の英文を(　　)内の指示にしたがって書きかえなさい。 (5点×2＝10点)

(1) "I can't play the guitar," he said to us.

(told と that を使ってほぼ同じ内容を表す 9 語の文に) ➡3

____

(2) What kind of music does she like? Do you know? (Do you know で始まる 1 文に) ➡1

____

6 **英語で表現** 次のような場合にどう言うか，英語で書きなさい。ただし，(　　)内の語を使うこと。 (5点×2＝10点)

(1) 相手に，その経験が私に英語が役に立つと教えてくれたのだと伝える場合 (taught) ➡3

____

(2) 相手に，出身がどこか教えてくれるように頼む場合 (tell) ➡2

____

7 **読解** 次の記事を読んで，あとの問いに答えなさい。 〔計35点〕

Do you use your smartphones for a long time before going to bed? If you look at the bright screen at night, your brain will believe it is daytime. ①(　　　)(　　　)(　　　), you cannot fall asleep easily. To get a good sleep, you should change ②this habit.

People have started to see how good sleep improves our work. Some companies have introduced a short nap time early in the afternoon. The results tell us that people can work better after a nap. But you shouldn't sleep too long!

(1) 記事によると，夜に光っている画面を見ると脳にどのようなことが起こりますか。日本語で答えなさい。 (8点)

(　　　　　　　　　　　　　　　　　　　　) こと。

(2) 下線部①が「その結果として」という意味になるように，(　　)に適する語を書きなさい。 (完答4点)

(　　　　　)(　　　　　)(　　　　　)

(3) 下線部②の内容を日本語で答えなさい。 (8点)

(　　　　　　　　　　　　　　　　　　　　)

(4) 本文の内容に合うものには○を，合わないものには×を書きなさい。 (5点×3＝15点)

(a) It is good for you to use your smartphones before going to bed. (　　)

(b) Some companies started to give their workers some time for a nap. (　　)

(c) If you have a longer sleep in the afternoon, you can work better after that. (　　)

Power-Up 1

道案内をしよう②（電車の乗りかえ） 教科書 p.28

1 特定の駅などへの行き方を尋ねる表現

Could you tell me how to get to **Fukuoka Airport?**

— Go to Nakasu-Kawabata and change trains there.

（福岡空港への行き方を教えていただけませんか。

—中《なか》洲《す》川端《かわばた》へ行き，そこで電車を乗りかえてください。）

☑ 特定の駅などへの行き方を尋ねるときは Could you tell me how to get to ～?「～への行き方を教えていただけませんか」などの表現を使います。Could you ～? は「～していただけませんか」と依頼する表現，how to ～は「～の仕方」という意味の表現です。get to のあとに駅名などを入れます。

☑ 電車の乗りかえを案内するときには，次のような表現がよく使われます。

・change trains「電車を乗りかえる」
・take the ～ Line (to ... Station)「(…駅まで)～線に乗る」

「電車を乗りかえる」という意味の change trains の trains は必ず複数形になるので注意しよう！

✓Check 次の日本語に合う英文になるように，_____に適切な語を１つずつ書きなさい。

(1) 赤坂駅への行き方を教えていただけませんか。

Could you _______ me _______ _______ get to Akasaka Station?

(2) 難波《なんば》で電車を乗りかえて，梅田まで行ってください。

_______ _______ at Namba and go to Umeda.

(3) 中央線に乗って八王子駅まで行ってください。

_______ the Chuo Line _______ Hachioji Station.

★「～線に乗って…駅まで行く」→「…駅まで～線に乗る」と考える。

📖(4) 福岡空港への行き方を教えていただけませんか。

Could you ______ ______ ______ ______ ______ ______ Fukuoka Airport?

(5) 上野へ行き，そこで電車を乗りかえてください。

Go to Ueno and _______ _______ _______.

(6) 京阪《けいはん》線に乗って枚方《ひらかた》市駅まで行ってください。

_______ the Keihan Line _______ Hirakatashi Station.

2 乗る線について尋ねる表現

Which line should I take at Juso Station?
— Take the Kobe Line.
(十三《じゅうそう》駅でどの線に乗ればよいですか。—神戸《こうべ》線に乗ってください。)

- ☑「～でどの線に乗ればよいですか」と尋ねる場合は，Which line should I take at[in] ～？と言います。
- ☑ 電車の線について「～線に乗る」と言うときは，動詞に take を使って take the ～ Line と言います。

Check 次の日本語に合う英文になるように，_____に適切な語を1つずつ書きなさい。

(1) 新宿駅でどの線に乗ればよいですか。—山手《やまのて》線に乗ってください。

_____ _____ should I _____ at Shinjuku Station? — _____ the Yamanote Line.

(2) 中洲川端でどの線に乗ればよいですか。—空港線に乗ってください。

_____ _____ _____ I _____ at Nakasu-Kawabata? — _____ the Kuko Line.

3 所要時間を伝える表現

It'll take about 40 minutes from here.
(ここから40分くらいかかります。)

- ☑ 特定の場所まで行くのにかかる所要時間を伝えるときは，It'll take ～. や It takes ～. と言います。具体的な始点や到達点，区間とともに伝えるときは，文末に from ～「～から」，to ～「～まで」，from ～ to ...「～から…まで」などをつけます。
- ☑ 特定の場所まで行くのにかかる所要時間を尋ねたい場合は，How long will[does] it take (from ～ / to ～ / from ～ to ...)?「(～から／～まで／～から…まで)どのくらいの時間がかかりますか。」などと言います。

ここでの take は「(時間が)かかる」という意味だよ。一方，「(費用・金額が) かかる」と言いたい場合には cost を使うので，区別して覚えておこう！

Check 次の日本語に合う英文になるように，_____に適切な語を1つずつ書きなさい。

(1) 貝塚駅から30分ほどかかります。

_____ _____ about 30 minutes _____ Kaizuka Station.

(2) その空港まで1時間ほどかかります。

_____ _____ about an _____ _____ the airport.

(3) ここから東京駅までどのくらいの時間がかかりますか。

_____ _____ _____ _____ _____ _____ here _____ Tokyo Station?

Power-Up 1

まとめテスト

教科書 p.28

目標時間	得点
30分	／100

1 **リスニング** 対話を聞き，女性の目的地である駅にあたるものを路線図のア～カから選び，記号で答えなさい。また，その駅まで行くのにかかる所要時間を答えなさい。

（4点×2＝8点）

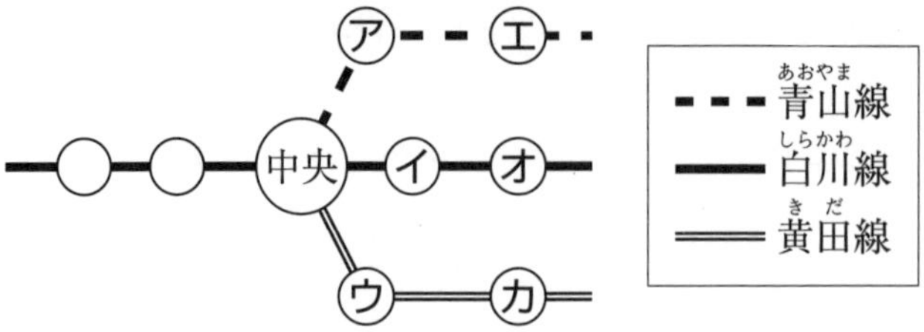

目的地（　　　　　）

所要時間（　　　　　）

2 **語句** 英語は日本語に，日本語は英語にしなさい。 （2点×6＝12点）

(1) traveler （　　　　　）　(2) change （　　　　　）

(3) line （　　　　　）　(4) 空港 a＿＿＿＿＿t

(5) （時間の）分 m＿＿＿＿e　(6) ～すべきである s＿＿＿＿d

3 **適語補充** 日本語に合う英文になるように，（　　）に適切な語を書きなさい。ただし，(3)は指定された文字で始めること。 （完答4点×3＝12点）

(1) 失礼ですが，あおば駅はどこにありますか。

（　　　　　）（　　　　　）, where is Aoba Station?

(2) お気をつけて。

（　　　　　）（　　　　　）.

(3) まもなく中央図書館に到着しますよ。

We will（ g　　　　　）（ t　　　　　）Chuo Library soon.

4 **整序** 日本語に合う英文になるように，（　　）内の語を並べかえて全文を書きなさい。

（6点×2＝12点）

(1) 高田駅でどの線に乗ればよいですか。

(take / line / I / at / which / should) Takada Station? ➡2

＿＿＿＿＿＿＿＿＿＿＿＿＿＿＿＿＿＿＿＿＿＿＿＿＿＿＿＿＿＿

(2) その郵便局への行き方を教えていただけませんか。

(to / to / office / me / you / the / how / could / get / tell / post)? ➡1

＿＿＿＿＿＿＿＿＿＿＿＿＿＿＿＿＿＿＿＿＿＿＿＿＿＿＿＿＿＿

5 **書きかえ** 次の英文を(　　)内の指示にしたがって書きかえなさい。 (6点×2＝12点)

(1) Tell me the way to the supermarket. (how を使ってほぼ同じ意味を表す8語の命令文に) ➡1

(2) It takes <u>about thirty minutes</u> from Aoba to Izumi. (下線部が答えの中心となる疑問文に) ➡3

6 **英語で表現** 次のような場合にどう言うか，英語で書きなさい。ただし，(　　)内の語を使うこと。 (6点×3＝18点)

(1) 相手に，飛鳥駅《あすか》(Asuka Station)への行き方を教えてくれるよう頼む場合 (could, how) ➡1

(2) 相手に，どの線に乗ればよいのかを尋ねる場合 (should) ➡2

(3) 相手に，本町駅《ほんまち》(Hommachi Station)までの所要時間が1時間であることを伝える場合 (will) ➡3

7 **読解** 次の対話文を読んで，あとの問いに答えなさい。 〔計26点〕

Traveler:	Could you tell me how to get to Fukuoka Airport?
Yoji:	Sure. We are at Kaizuka Station now.
Traveler:	Yes.
Yoji:	Go to Nakasu-Kawabata and ①<u>(　　　)(　　　)</u> there.
Traveler:	OK. Which line should I take there?
Yoji:	Take the Kuko Line. It'll take about 30 minutes from ②<u>here</u>.
Traveler:	Thank you very much.

(1) 下線部①が「電車を乗りかえる」という意味になるように，(　　)に適する語を書きなさい。

(　　　　　)(　　　　　) (完答4点)

(2) 下線部②が表している内容を2語で表すとき，(　　)に適する語を書きなさい。

(　　　　　)(　　　　　) (4点×2＝8点)

(3) 次の質問に主語と動詞のある英文で答えなさい。ただし，(a)は(　　)内の語を使って答えること。 (7点×2＝14点)

(a) Where does the traveler want to go? (she)

(b) If you take a train at Kaizuka Station at three fifty, what time will you get to Fukuoka Airport?

定期テスト予想問題１　第１回

教科書 pp.7 ～ 28

PROGRAM 1 ～ Power-Up 1

目標時間	得点
30分	／100

1 リスニング　次の各問いに答えなさい。

(1)　イラストを参考にしながら対話と応答を聞き，最も適切な応答を１つ選び，記号で答えなさい。　(6点×2＝12点)

(a)

(　　　)

(b)

(　　　)

(2)　英文と質問を聞き，その答えとして最も適切なものを１つ選び，記号で答えなさい。(7点)

ア　Practice tennis.　　イ　Clean his room.

ウ　Help his mother.　　エ　Finish his homework.　　(　　　)

2 適語補充　日本語に合う英文になるように，(　　)に適切な語を書きなさい。

(完答5点×3＝15点)

(1)　寝る前にコーヒーを飲むと，簡単に眠りに落ちることができなくなりますよ。

If you have coffee before going to bed, you can't (　　　) (　　　) easily.

(2)　私たちはどのくらいバスを待たなければなりませんか。

How long do we have to (　　　) (　　　) the bus?

(3)　最善をつくしたにもかかわらず，私たちはふたたび失敗してしまいました。

We failed again (　　　) (　　　) we did our best.

3 会話文完成　次の会話について，(　　)に入れるのに最も適切なものを１つ選び，記号で答えなさい。

(6点×2＝12点)

(1)　*Boy :* I don't know (　　　)　➡P2 1

Girl : I hear he likes soccer and his ball is old now.

ア　when I should buy a present for Mark.　イ　where I should buy a present for Mark.

ウ　what present I should give to Mark.　エ　how I should give Mark a present.

(2)　*Boy :* Your brother is going to start to make his speech soon.　➡P1 3

Girl : He looks too nervous, but (　　　)

ア　I'm sure he is proud of himself.　イ　I'm sure he can make the best.

ウ　I'm afraid he will be late for the contest.　エ　I'm afraid he will make mistakes.

4 英語で表現 次の路線図の内容に合うように，忠(Tadashi)の発言の下線部にあてはまる英文を２文で書きなさい。 (7点×2＝14点)

➲PU1 1 2

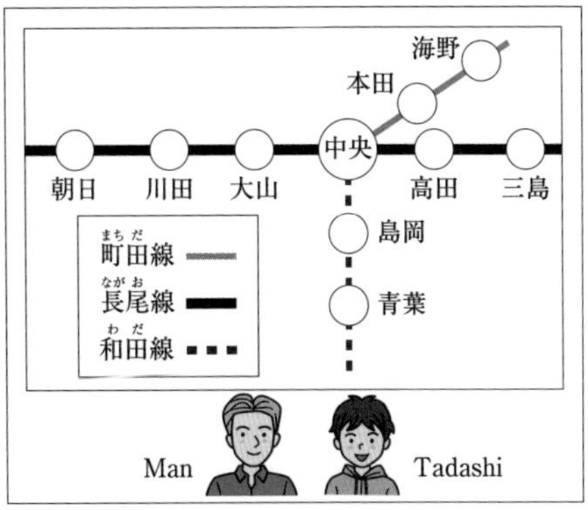

Man: Excuse me. Could you tell me how to get to Aoba Station?

Tadashi: Sure. We are in Asahi Station.

____

____

____

It's the second station from Chuo Station.

5 読解 次の対話文を読んで，あとの問いに答えなさい。 〔計40点〕

Mao: *Bentos* are not only home-made. Have you heard of an *ekiben*?
Bill: No. What is it?
Mao: It's a *bento* available at train stations.
Bill: I see. What's special about *ekibens*?
Mao: They have local food, such as Kobe beef and oysters from Hiroshima. ①I've (*ekibens* / of / more / are / heard / kinds / than / 2,000 / there) in Japan.
Bill: That many? Someday I want to travel around Japan by train and try many *ekibens*!
Mao: Sounds fantastic. ②It's fun to find your favorite *ekiben* on a trip.

(1) 真央は駅弁のどのような点が特別だと言っていますか。日本語で答えなさい。 (7点)

( )

(2) 下線部①が意味の通る英文になるように(　　)内の語を並べかえ，全文を書きなさい。(6点)

____

(3) 下線部②を日本語にしなさい。 (6点)

( )

(4) 次の質問に主語と動詞のある英文で答えなさい。 (7点)

What does Bill want to do someday?

____

(5) 本文の内容に合うものには○を，合わないものには×を書きなさい。 (7点×2＝14点)

(a) Bill didn't know about *ekibens* before talking with Mao. (　　)

(b) Mao told Bill that he could try many *ekibens* during his trip. (　　)

定期テスト予想問題１　第２回

教科書 pp.7 ～ 28

PROGRAM 1 ～ Power-Up 1

目標時間	得点
30分	／100

1 リスニング　次の各問いに答えなさい。

(1)　イラストを参考にしながら対話と応答を聞き，最も適切な応答を１つ選び，記号で答えなさい。（7点×2＝14点）

(a)

(　　　)

(b)

(　　　)

(2)　対話と質問を聞き，その答えとして最も適切なものを１つ選び，記号で答えなさい。(8点)

ア　Do his homework alone.　　イ　Go to the gym.

ウ　Ask Eri to help him.　　エ　Help Takuya.　　(　　　)

2 適語補充　日本語に合う英文になるように，(　　)に適切な語を書きなさい。

（完答5点×3＝15点）

(1)　このようにして，私たちは英語を学びました。

(　　　　) (　　　　) (　　　　), we learned English.

(2)　これまでに少なくとも 20 の国々を訪れてきました。

I have visited (　　　　) (　　　　) twenty countries.

(3)　私はたくさん勉強し，その結果としてこの仕事に就くことができました。

I studied a lot and (　　　) (　　　) (　　　), I was able to get this job.

3 会話文完成　次の会話について，(　　)に入れるのに最も適切なものを１つ選び，記号で答えなさい。

（7点×2＝14点）

(1)　*Daughter* : Mom, Dad told me (　　　　　) this evening.　➡P2 3

Mother : I see. We need steak only for us then.

ア　he would take us to a restaurant　　イ　he would not have dinner at home

ウ　he would not be very busy　　エ　he would make steak for dinner

(2)　*Girl* : Hi, what are you doing here?　➡P1 1

Boy : (　　　　　), so I'm looking for some useful information to do so.

ア　Ms. Davis told us to read a lot of books　　イ　Ms. Davis asked me to come here

ウ　Ms. Davis told us to learn about this city　　エ　Ms. Davis asked me to bring her this book

4 **英語で表現** 次のイラストの状況に合うように，男の子の発言の(　　)にあてはまる英文を１文で書きなさい。 ➲P2 3 (8点)

(　　　　　　　　　　　　　　　　　　　　　　　　　　　　　　　　)

5 **読解** 次の対話文を読んで，あとの問いに答えなさい。 〔計41点〕

Ms. Miller:	Have you ever felt tired even though you slept long enough?
Ken:	Yes, ①I have. On those days I can't concentrate on anything.
Ms. Miller:	When you are tired, you need a good sleep.
Ken:	A "good" sleep? ②Please (me / should / tell / what / do / I).
Ms. Miller:	You should take a bath 90 minutes before going to bed. Then your body temperature will be just right when you sleep.
Ken:	Do you do it every day?
Ms. Miller:	Yes, so I'm always full of energy.
Ken:	I see. I'll try ③it tonight.

(1) 下線部①が表している内容を日本語で答えなさい。 (9点)

(　　　　　　　　　　　　　　　　　　　　　　　　　　　　)

(2) 下線部②が意味の通る英文になるように(　　)内の語を並べかえ，全文を書きなさい。 (7点)

____

(3) 下線部③が指す内容を日本語で具体的に答えなさい。 (9点)

(　　　　　　　　　　　　　　　　　　　　　　　　　　　　)

(4) 次の質問に主語と動詞のある英文で答えなさい。 (8点×2＝16点)

(a) If you go to bed at ten at night, what time should you take a bath?

____

(b) What will happen to your body temperature after taking a bath 90 minutes before going to bed?

____

PROGRAM 3

A Hot Sport Today

教科書 pp.29 ～ 43

Steps 2 / Our Project ⑦

1 〈主語＋動詞＋目的語＋補語(名詞 / 形容詞)〉「～を…と呼ぶ[名づける]」と言うとき

Please call *me* Alex.

(私をアレックスと呼んでください。)

☑ 「～を…と呼ぶ[名づける]」という内容を表すときは，〈主語＋call[name]＋～(人など)＋...(名詞)〉の形を使います。

☑ me = Alex というように，〈目的語〉=〈補語(名詞)〉の関係が成り立ちます。

Check 次の日本語に合う英文になるように，_____に適切な語を１つずつ書きなさい。

(1) 彼らはそのイヌをシロと名づけました。

They _______ _______ _______ Shiro.

★「～を…と名づける」は〈主語＋name＋～(人など)＋...(名詞)〉の形で表す。

(2) あなたの国ではこの花を何と呼ぶのですか。

_______ do you _______ this flower in your country?

★〈主語＋call＋～(人など)＋...(名詞)〉の〈...(名詞)〉の部分を尋ねる疑問文。

2 〈主語＋動詞＋目的語＋補語(名詞 / 形容詞)〉「～を…(の状態)にする」と言うとき

The warm weather makes *me* sleepy.

(暖かい天気のせいで眠いのです。)

☑ 「～を…(の状態)にする」という内容を表すときは，〈主語＋make＋～(人など)＋...(形容詞)〉の形を使います。

☑ me = sleepy というように，〈目的語〉=〈補語(形容詞)〉の関係が成り立ちます。

☑ この形の文では，ほかに keep(～を…(の状態)にしておく)，leave(～を…のままにしておく)などの動詞も使えます。

〈主語＋make＋～(人など)＋...(形容詞)〉の形の文は，「(主語)のせいで～は…(の状態)になる」のように，自然な日本語に訳されることが多いよ。

Check 次の日本語に合う英文になるように，_____に適切な語を１つずつ書きなさい。

(1) このレポートによって，そのスポーツはアメリカ合衆国で有名になりました。

This report _______ the sport _______ in the U.S.

★「このレポートがそのスポーツをアメリカ合衆国で有名にした」と考える。

(2) このコートを着ればあなたはずっと暖かくいられますよ。

This coat _______ _______ _______.

★「このコートがあなたを暖かい状態にしておいてくれる」と考える。

3 〈主語＋動詞＋目的語＋動詞の原形〉

Hot milk makes *you* sleep well.

(温かい牛乳を飲めばぐっすり眠れますよ。)

☑「～に…させる」という内容を表すときは，〈主語＋make＋人など＋動詞の原形〉の形を使います。

☑「～が…するのを許す，～に…させてやる」という内容を表すときは，〈主語＋let＋人など＋動詞の原形〉の形を使います。

主語が人以外の場合，〈主語＋動詞＋目的語＋動詞の原形〉の形の文は，「(主語) を～することで (目的語) は…できる」のように，ことばを補って自然な日本語に訳されることが多いよ。

☑「～が…するのを手伝う」という内容を表すときは，〈主語＋help＋人など＋動詞の原形〉の形を使います。

☑〈主語＋make[let, help]＋人など＋動詞の原形〉の形の文では，〈人など〉と〈動詞の原形〉の間に，主語と述語の関係が成り立ちます。

例 My mother made *me* clean my room.（母は私に私の部屋を掃除させました。）
〔「me が clean my room する」という関係が成り立つ〕

✓Check 次の日本語に合う英文になるように，_______に適切な語を1つずつ書きなさい。

(1) そのマンガ本を読んで，私はたくさん笑ってしまいました。

The comic book _______ _______ _______ a lot.

★「そのマンガ本が私をたくさん笑わせた」と考える。

(2) 彼の両親は彼をそのコンサートに行かせてやりました。

His parents _______ _______ _______ to the concert.

★「～に…させてやる」は〈主語＋let＋人など＋動詞の原形〉の形で表す。

(3) 私がこれらの本を図書館に運ぶのを手伝っていただけませんか。

Could you _______ _______ _______ these books to the library?

★「～が…するのを手伝う」は〈主語＋help＋人など＋動詞の原形〉の形で表す。

(4) この映画を見ると，あなたはわくわくした気分になるでしょう。

This movie _______ _______ _______ _______ excited.

★「この映画があなたをわくわくした気分にさせるだろう」と考える。

(5) あなたの新しい自転車を私に見せてください。

_______ _______ see your new bike.

★「私があなたの新しい自転車を見るのを許してください」と考える。

(6) 昨日は彼女が夕食を作るのをだれが手伝ったのですか。

_______ _______ _______ _______ dinner yesterday?

★疑問詞が主語の疑問文。「～が…するのを手伝う」は〈主語＋help＋人など＋動詞の原形〉の形で表す。

PROGRAM 3

まとめテスト　第1回

教科書 pp.29 ~ 43

Steps 2 / Our Project ⑦

目標時間	得点
30分	／100

1 リスニング　英文や対話を聞き，内容に合うものを選び，記号で答えなさい。(3点×2＝6点)

(1) アンナが呼んでほしい名前

ア Anna　イ Ann

(1) (　　　)

(2) ア

イ

(2) (　　　)

2 語句　英語は日本語に，日本語は英語にしなさい。(2点×6＝12点)

(1) wind (　　　)　(2) angry (　　　)

(3) baby (　　　)　(4) 島 i _ _ _ _ d

(5) 作り出す，生み出す c _ _ _ _ _ _　(6) トーナメント，勝ち抜き試合 t _ _ _ _ _ _ _ _ t

3 適語補充　日本語に合う英文になるように，(　　)に適切な語を書きなさい。(完答4点×3＝12点)

(1) 〔眠っている相手に対して〕起きなさい。もう7時ですよ。

(　　　)(　　　). It's already seven o'clock.

(2) ご存じのように，私たちには来週，修学旅行があります。

(　　　)(　　　)(　　　), we have a school trip next week.

(3) その少女たちは，そのパーティーに行くために着飾り始めました。

The girls started to (　　　)(　　　) to go to the party.

4 適語選択　日本語に合う英文になるように，(　　)内から適切な語句を1つ選び，○で囲みなさい。(4点×4＝16点)

(1) この本はいつ読んでも笑えます。 ➡3

This book always makes me (laugh / to laugh / laughing).

(2) 私たちはこのネコをクロと名づけるつもりです。 ➡1

We'll name (Kuro to this cat / this cat as Kuro / this cat Kuro).

(3) 私にあなたの名前を教えてください。 ➡3

(Tell / Let / Give) me know your name, please.

(4) この部屋を暖かくしておく必要があります。 ➡2

We need to (make / become / keep) this room warm.

5 **整序** 日本語に合う英文になるように，(　　)内の語を並べかえて全文を書きなさい。

(5点×2＝10点)

(1) その話を聞くと悲しくなります。(makes / the / sad / story / me). ➡2

____

(2) あなたのイヌをさがすのをお手伝いします。

(you / for / dog / I'll / look / your / help). ➡3

____

6 **英語で表現** 次のような場合にどう言うか，英語で書きなさい。ただし，(　　)内の語句を使うこと。

(6点×2＝12点)

(1) 相手に，自分をいっしょに買い物に行かせてくれるように頼む場合（let） ➡3

____

(2) 遠くに見える１羽の鳥を指さして，相手の国では何と呼ぶのかとたずねる場合

(you, that bird) ➡1

____

7 **読解** 次の対話文を読んで，あとの問いに答えなさい。

〔計32点〕

Mao: I watched a B.LEAGUE game yesterday.
Daniel: What's ①the B.LEAGUE?
Mao: It's the Japanese professional basketball league. We call it the B.LEAGUE.
Daniel: I see. When I was in the U.S., I often watched NBA games.
Mao: Basketball was born in the U.S., wasn't it?
Daniel: Yes. In the U.S., some people call it the king of sports. People enjoy ②(　　)(　　) the games (　　)(　　) the half-time shows.

(1) 下線部①とは何ですか。日本語で説明しなさい。 (7点)

(　　　　　　　　　　　　　　　　　　　　)

(2) 下線部②が「試合ばかりでなくハーフタイム・ショーも」という意味になるように，(　　)に適する語を書きなさい。 (完答4点)

(　　　)(　　　) the games (　　　)(　　　) the half-time shows

(3) 本文の内容に合うものには○を，合わないものには×を書きなさい。 (7点×3＝21点)

(a) Mao watched a baseball game yesterday. (　　)

(b) Basketball was invented in the U.S. (　　)

(c) The king of sports is another name of basketball in the U.S. (　　)

PROGRAM 3

まとめテスト　第2回

教科書 pp.29 ~ 43

Steps 2 / Our Project ⑦

目標時間	得点
30分	／100

1 リスニング　ジムと由美《ゆみ》の2つの対話を聞き，正しいものには○を，正しくないものには×を書きなさい。　(5点×2＝10点)

(1) Yumi helped his brother clean his room last Sunday.　(　　)

(2) Eating cookies makes Yumi happy.　(　　)

2 語句　英語は日本語に，日本語は英語にしなさい。　(2点×6＝12点)

(1) comfortable　(　　　　)　　(2) boat　(　　　　)

(3) ocean　(　　　　)　　(4) 特に　e＿＿＿＿＿＿＿＿＿y

(5) 力　p＿＿＿r　　(6) 笑う　l＿＿＿＿

3 適語補充　日本語に合う英文になるように，(　　)に適切な語を書きなさい。　(完答4点×3＝12点)

(1) 幸運を祈ってください。

(　　　　) me (　　　　).

(2) この宿題を次の火曜日に提出しなさい。

(　　　　) (　　　　) this homework next Tuesday.

(3) これらのネコは先週末に生まれました。

These cats (　　　　) (　　　　) last weekend.

4 整序　日本語に合う英文になるように，(　　)内の語句を並べかえて全文を書きなさい。　(5点×3＝15点)

(1) 彼女は兄のことばを聞いて医者になることを決心しました。

(to / her brother's words / a doctor / decide / made / become / her).　➡ 3

＿＿＿＿＿＿＿＿＿＿＿＿＿＿＿＿＿＿＿＿＿＿＿＿＿＿＿＿＿＿

(2) なぜあなたは日本を訪れることに興味を持ったのですか。

(in / you / Japan / visiting / made / what / interested)?　➡ 2

＿＿＿＿＿＿＿＿＿＿＿＿＿＿＿＿＿＿＿＿＿＿＿＿＿＿＿＿＿＿

(3) 助けが必要なら知らせてください。

(you / let / some / if / me / need / know) help.　➡ 3

＿＿＿＿＿＿＿＿＿＿＿＿＿＿＿＿＿＿＿＿＿＿＿＿＿＿＿＿＿＿

5 **書きかえ** 次の英文を(　　)内の指示にしたがって書きかえなさい。 (5点×2＝10点)

(1) I always cry when I watch this movie.

(This movie で始まるほぼ同じ内容を表す文に) ➡3

＿＿＿＿＿＿＿＿＿＿＿＿＿＿＿＿＿＿＿＿＿＿＿＿

(2) We call this cat Tama.（下線部が答えの中心となる疑問文に） ➡1

＿＿＿＿＿＿＿＿＿＿＿＿＿＿＿＿＿＿＿＿＿＿＿＿

6 **英語で表現** 次のような場合にどう言うか，英語で書きなさい。ただし，(　　)内の語を使うこと。 (6点×2＝12点)

(1) 相手に，自分の部屋をきれいにしておくように言う場合（keep, your） ➡2

＿＿＿＿＿＿＿＿＿＿＿＿＿＿＿＿＿＿＿＿＿＿＿＿

(2) 相手に，宿題を終わらせるのを手伝ってくれないかと尋ねる場合（finish） ➡3

＿＿＿＿＿＿＿＿＿＿＿＿＿＿＿＿＿＿＿＿＿＿＿＿

7 **読解** 次の英文を読んで，あとの問いに答えなさい。 〔計29点〕

> Basketball was invented by a P.E. teacher in Massachusetts in 1891. During the cold winters, the students couldn't enjoy sports outside. He created a new indoor sport for them. They used peach baskets as goals, so they named the sport basketball.
>
> In fact, a Japanese student played in the first basketball game. The student also drew a picture of this game. The P.E. teacher used ①it in the report to introduce basketball. ②This report made the sport famous in the U.S.

(1) バスケットボールを考案するにいたった背景に，どのような事情がありましたか。次のように説明するとき，(　　)に適する日本語を書きなさい。 (4点×2＝8点)

(a)(　　　　　　) の時期になると，学生たちは (b)(　　　　　　　　　　　　)

ことができなかった。

(2) バスケットボールが「バスケットボール」と名づけられたのはなぜですか。日本語で答えなさい。 (7点)

(　　　　　　　　　　　　　　　　　　　　　　　　　　)

(3) 下線部①が指すものを次のように説明するとき，(　　)に適する日本語を書きなさい。 (4点×2＝8点)

(a)(　　　　　　　　) が描いた (b)(　　　　　　　　　　　　　　) の絵

(4) 下線部②を，the sport が指すものを明らかにして日本語にしなさい。 (6点)

(　　　　　　　　　　　　　　　　　　　　　　　　　　)

Reading ①

まとめテスト　第1回

Power-Up 2

教科書 pp.44 ~ 50

目標時間	得点
30分	／100

1 リスニング　英語を聞き，音声の内容に合う絵を選び，記号で答えなさい。（4点×3＝12点）

ア

イ

ウ

(1)（　　　　）(2)（　　　　）(3)（　　　　）

2 語句　英語は日本語に，日本語は英語にしなさい。（2点×4＝8点）

(1) harm　（　　　　）　(2) injection　（　　　　）

(3) かわいそうな　p _ _ r　(4) 頭がよい，賢い　_ _ _ ver

3 適語補充　日本語に合う英文になるように，（　　）に適切な語を書きなさい。

（完答4点×3＝12点）

(1) サムはその本を毎日少しずつ読みました。

Sam read the book (　　　　) (　　　　) (　　　　) every day.

(2) そのイヌはある芸の仕方を学びました。

The dog learned how to (　　　　) a (　　　　).

(3) そのサルは動物園から逃げ出そうとしました。

The monkey tried to (　　　　) (　　　　) from the zoo.

4 整序　日本語に合う英文になるように，（　　）内の語句を並べかえて全文を書きなさい。

（5点×3＝15点）

(1) このネコはあまりにも大きいので，子どもは抱くことができません。

This cat is (hold / large / too / for / to / children).

____

(2) 状況はすぐに悪化するでしょう。

(get / the situation / worse / will) soon.

____

(3) この本はとても難しいので，私はそれを理解できません。

This book (so / understand / that / is / I / difficult / can't) it.

____

5 読解 次の英文を読んで，あとの問いに答えなさい。 〔計53点〕

Many years ago, there were three wonderful elephants at the Ueno Zoo. The elephants were John, Tonky, and Wanly. They could do tricks. Visitors to the zoo loved to see their tricks.

Japan was at war then. Little by little the situation was getting worse. Bombs were ①(drop) on Tokyo every day.

"If bombs hit the zoo, dangerous animals will get away and harm people," said the Army. So ②it ordered the zoo to kill all the dangerous animals such as lions, tigers, and bears.

Soon, it was time to kill the three elephants. The zookeepers did not want to kill them, (③) they had to follow the order. They started with John.

John loved potatoes, so ④they gave him poisoned potatoes together with good ones. But John was so clever that he ate only the good potatoes. ⑤Then they tried to give him an injection. But John's skin was too hard for the needles to go through.

Finally, they decided to stop ⑥(give) him any food. Poor John died (⑦) seventeen days.

(1) ①，⑥の(　　)内の語を適する形にかえなさい。 (4点×2＝8点)

①(　　　　　)　⑥(　　　　　)

(2) 下線部②の理由を日本語で答えなさい。 (7点)

(　　　　　　　　　　　　　　　　　　　　)

(3) 空所③，⑦に入る語として適切なものをそれぞれ1つ選び，記号で答えなさい。 (5点×2＝10点)

③ ア so　イ because　ウ but　エ if　(　　)

⑦ ア for　イ on　ウ at　エ in　(　　)

(4) 下線部④，⑤の試みが失敗した理由をそれぞれ日本語で答えなさい。 (7点×2＝14点)

④(　　　　　　　　　　　　　　　　　　　　)

⑤(　　　　　　　　　　　　　　　　　　　　)

(5) 次の質問に主語と動詞のある英文で答えなさい。 (7点×2＝14点)

(a) What did visitors to the Ueno Zoo love to see?

____

(b) Why did the zookeeper give poisoned potatoes to John to kill him?

____

Reading ①

まとめテスト　第2回

Power-Up 2

教科書 pp.44 ～ 50

目標時間	得点
30分	／100

1 リスニング 音声を聞き，音声の内容に合う文になるように，(　　)内から正しいほうを選び，○で囲みなさい。

(4点×3＝12点)

昨日，明日香はお気に入りの公園の (1)(そば / 中) で少年を見かけた。その少年は (2)(大声でさけんで / 涙をためて) (3)(父親 / 母親) をさがしていたので，明日香はいっしょにさがす手伝いをすることにした。

2 語句 英語は日本語に，日本語は英語にしなさい。

(2点×4＝8点)

(1) examine (　　　　　)　　(2) stomach (　　　　　)

(3) (持ち) 上げる　r ＿ ＿ ＿ e　　(4) 弱い，衰弱した　w ＿ ＿ k

3 適語補充 日本語に合う英文になるように，(　　)に適切な語を書きなさい。

(完答4点×3＝12点)

(1) いらっしゃいませ。

(　　　　　) (　　　　　) (　　　　　) (　　　　　)?

(2) その少年は涙ながらに，「野球を続けたい」と言いました。

The boy said (　　　　) (　　　　), “I want to continue to play baseball.”

(3) 私にはアメリカ人の友だちが数人います。

I have (　　　　　) (　　　　　) American friends.

4 整序 日本語に合う英文になるように，(　　)内の語を並べかえて全文を書きなさい。

(5点×3＝15点)

(1) 入院中，たくさんの人が私に会いに来てくれました。

(to / people / my / during / see / many / came / stay / me) in the hospital.

＿＿＿＿＿＿＿＿＿＿＿＿＿＿＿＿＿＿＿＿＿＿＿＿＿＿＿＿＿＿

(2) 疲れているのなら，ベッドで横になるべきです。

If you are tired, (the / on / lie / should / you / bed / down).

＿＿＿＿＿＿＿＿＿＿＿＿＿＿＿＿＿＿＿＿＿＿＿＿＿＿＿＿＿＿

(3) その少年はもはやひとりぼっちだと感じてはいませんでした。

(boy / no / lonely / the / felt / longer).

＿＿＿＿＿＿＿＿＿＿＿＿＿＿＿＿＿＿＿＿＿＿＿＿＿＿＿＿＿＿

5 **読解** 次の英文を読んで，あとの問いに答えなさい。 〔計53点〕

Then the time came for ①Tonky and Wanly. They always looked at people with loving eyes. They were sweet and gentle-hearted.

However, the elephant keepers had to stop giving them anything to eat. When a keeper walked by their cage, they ②(stand) up and raised their trunks in the air. They did their tricks because they were hoping to get food and water.

Everyone at the zoo said with tears, “If they can live a little longer, the war may end and they will be saved.”

Tonky and Wanly could no longer move. They ③(lie) down on the ground, but their eyes were still beautiful.

When an elephant keeper came to see them, they looked so weak. ④He became too sad to see them again.

Bombs continued falling on Tokyo. And a few days later, Tonky and Wanly died. When the elephants’ bodies were examined, nothing was found in their stomachs — not even one drop of water.

Today, the three elephants rest in peace with other animals under the monument at the Ueno Zoo.

(1) 下線部①について，トンキーとワンリーはどのようなゾウでしたか。次のように説明するとき，(　　)に適切な日本語を書きなさい。 (5点×2＝10点)

(a)(　　　　　　　　) で人々を見つめる，かわいくて (b)(　　　　　　　　) ゾウ。

(2) ②，③の(　　)内の語を適する形にかえなさい。 (4点×2＝8点)

② (　　　　　　) ③ (　　　　　　)

(3) 下線部④の理由を日本語で答えなさい。 (7点)

(　　　　　　　　　　　　　　　　　　　　)

(4) ゾウの死体を調べてわかったこととはどのようなことですか。日本語で答えなさい。(7点)

(　　　　　　　　　　　　　　　　　　　　)

(5) 次の質問に主語と動詞のある英文で答えなさい。 (7点)

Where do the three elephants rest now?

____

(6) 本文の内容に合うものには○を，合わないものには×を書きなさい。 (7点×2＝14点)

(a) Tonky and Wanly showed their tricks to zookeepers because they wanted to go out from the cage. (　　)

(b) Tonky and Wanly had beautiful eyes even after losing power to move. (　　)

PROGRAM 4

Sign Languages, Not Just Gestures! 教科書 pp.51 ～ 62

Power-Up 3 / Steps 3

1 現在分詞の後置修飾（～している…）

I'm sitting next to *the boy* wearing a red cap.

（私は赤い帽子をかぶっている男の子のとなりに座っています。）

☑ 〈現在分詞＋語句〉を名詞のあとに置くことで，その名詞に「～している…」という意味で後ろから説明を加えることができます。

例 *the boy*　wearing a red cap　「赤い帽子をかぶっている男の子」

「男の子」〈名詞〉　「赤い帽子をかぶっている」〈現在分詞＋語句〉

☑ 現在分詞単体で「～している」という意味で名詞に説明を加えることもできます。この場合，現在分詞は形容詞と同様，名詞の前に置きます。

例 a singing *girl*　「歌っている女の子」

「歌っている」〈現在分詞〉「女の子」〈名詞〉

Check 次の日本語に合う英文になるように，_____に適切な語を１つずつ書きなさい。

(1) ソフィアは手話を使っている女の子です。

Sophia is the girl ______ sign language.

★「手話を使っている」が「女の子」を説明している。

(2) 向こうで水を飲んでいる男の子は私の兄です。

The boy ______ ______ over there is my brother.

★「向こうで水を飲んでいる」が「男の子」を説明している。

(3) あの木のそばで座っているイヌを見てください。

Look at the dog ______ ______ ______ ______.

★「あの木のそばで座っている」が「イヌ」を説明している。

(4) あの眠っている男の子はあなたの息子さんですか。

Is ______ ______ ______ your son?

★「眠っている」が「男の子」を説明している。

(5) 昨日，私はたくさんのかばんを運んでいる１人の男性を見かけました。

Yesterday, I saw a ______ ______ ______ ______.

★「たくさんのかばんを運んでいる」が「１人の男性」を説明している。

(6) あなたはあの踊っている女の子を知っていますか。

Do you know ______ ______ ______?

2 過去分詞の後置修飾(～される[た]…)

This is *a shirt* made in Italy.
(これはイタリア製のシャツです。)

☑ 〈過去分詞＋語句〉を名詞のあとに置くことで，その名詞に「～される[た]…」という意味で後ろから説明を加えることができます。

例 *a shirt*　made in Italy　「イタリアで作られたシャツ」

「シャツ」〈名詞〉　「イタリアで作られた」〈過去分詞＋語句〉

☑ 過去分詞単体で「～される[た]…」という意味で名詞に説明を加えることもできます。この場合，過去分詞は形容詞と同様，名詞の前に置きます。

例 a　broken　*window*　「割れた[割られた]窓」

「割られた」〈過去分詞〉　「窓」〈名詞〉

「イタリアで作られた」→「イタリア製の」,「使われた」→「中古の」というように，過去分詞(句)の内容が自然な日本語に訳される場合もあるよ。

Check 次の日本語に合う英文になるように，_____に適切な語を１つずつ書きなさい。

(1) ASL(アメリカ手話)は世界でもっとも広く使われている手話です。

ASL is a sign language _______ widely around the world.

★「世界でもっともよく使われている」が「手話」を説明している。

(2) これは 1000 年ほど前に建てられた寺です。

This is a temple _______ about 1000 years ago.

★「1000 年ほど前に建てられた」が「寺」を説明している。

(3) これが私の姉が作った肉じゃがです。

This is the *niku-jaga* _______ _______ my sister.

★「私の姉が作った」を「私の姉によって作られた」と考える。

(4) 私たちにはふっとうした水が必要です。

We need some _______ _______.

★「ふっとうした水」は「ふっとうさせられた水」と考える。

(5) 私はエマに日本製のかばんをあげました。

I gave Emma a _______ _______ _______ _______.

★「日本製のかばん」は「日本で作られたかばん」と考える。

(6) 私は中古車を１台買おうと思います。

I'll buy a _______ _______.

★「中古車」は「使われた車」と考える。

PROGRAM 4

まとめテスト　第1回

Power-Up 3 / Steps 3

教科書 pp.51 ～ 62

目標時間	得点
30分	／100

1 リスニング　対話の音声を聞き，内容に合う絵を選び，記号で答えなさい。（3点×2＝6点）

ア

イ

ウ

エ

(1)（　　　　　）(2)（　　　　　）

2 語句　英語は日本語に，日本語は英語にしなさい。（2点×6＝12点）

(1) defeat（　　　　　）　(2) several（　　　　　）

(3) elementary school（　　　　　）　(4) 必要な　ne _ _ _ _ _ ry

(5) 理解する，実感する　r _ _ _ _ _ e　(6) 活動　a _ _ _ _ _ _ y

3 適語補充　日本語に合う英文になるように，（　　）に適切な語を書きなさい。

（完答4点×3＝12点）

(1) その駅は郵便局のとなりにあります。

The station is (　　　　) (　　　　) the post office.

(2) どういう意味ですか。

(　　　　) do you (　　　　)?

(3) 彼が来月，日本を出発するんですって。―まさか。

He will leave Japan next month. — (　　　　) (　　　　)!

4 語形変化　正しい英文になるように，（　　）内の動詞を適切な形に直しなさい。

（3点×5＝15点）

(1) Sakura is that girl (talk) with Susan. ➔1

(2) The story (tell) by Hikari was very interesting. ➔2

(3) Have you tried the food (call) *okonomiyaki*? ➔2

(4) Is that (swim) man your brother? ➔1

(5) This is a woman (know) as one of the greatest singers. ➔2

(1)__________　(2)__________　(3)__________

(4)__________　(5)__________

5 **整序** 日本語に合う英文になるように，(　　)内の語句を並べかえて全文を書きなさい。

(5点×2＝10点)

(1) 私の母が作ったカレーはどうですか。

(my mother / how / made / the curry / is / by)? ➡2

(2) その電車を待っている人がたくさんいました。

(for / many / were / waiting / there / people / the train). ➡1

6 **英語で表現** 次のような場合にどう言うか，英語で書きなさい。ただし，現在分詞または過去分詞を使って１文で書くこと。

(5点×2＝10点)

(1) 相手に，いっしょにテニスをしていた女の子がだれだったのかを尋ねる場合 ➡1

(2) 相手に，父親がイタリア製の腕時計をくれたと伝える場合 ➡2

7 **読解** 次の英文を読んで，あとの問いに答えなさい。

〔計35点〕

In fact, there are over 100 different sign languages in the world. In some countries, sign language is used as an official language.

ASL is a sign language used widely around the world. According to a report, there are about half a million ASL users in the U.S. ASL is also used in Canada and some parts of Asia and Africa. If you know ASL, you can communicate with many people. <u>(W　　) (y　　) (l　　) to learn some ASL expressions?</u>

(1) 次の文がASLについて説明したものになるように，(　　)に適する日本語を書きなさい。

(7点×2＝14点)

(a) (　　　　　　　　　　) 手話のことで，

アメリカには(b) (　　　　　　　　　　) がいる。

(2) 下線部が「ASLの表現をいくつか学びたいですか」という意味になるように，(　　)に適する語を書きなさい。ただし，各語は指定された文字で始めること。

(完答3点)

(W　　　) (y　　　) (l　　　) to learn some ASL expressions?

(3) 本文の内容に合うものには○を，合わないものには×を書きなさい。

(6点×3＝18点)

(a) More than one hundred sign languages are used in the world. (　　)

(b) People in some countries use sign language as an official language. (　　)

(c) ASL is used only in America and Canada. (　　)

PROGRAM 4

まとめテスト　第2回

Power-Up 3 / Steps 3

教科書 pp.51 ～ 62

目標時間	得点
30分	／100

1 リスニング　裕太とケイトの対話を聞き，内容に合う人物を記号で答えなさい。

（5点×2＝10点）

(1)（　　　　）

(2)（　　　　）

2 語句　英語は日本語に，日本語は英語にしなさい。　（2点×6＝12点）

(1) alphabet　（　　　　　　）　(2) including　（　　　　　　）

(3) competition　（　　　　　　）　(4) デザインする　d＿＿＿＿n

(5) 選挙　e＿＿＿＿＿＿＿n

(6) 情報［意見，気持ち］を伝え合う　c＿＿＿＿＿＿＿＿＿＿e

3 適語補充　日本語に合う英文になるように，（　　）に適切な語を書きなさい。

（完答4点×3＝12点）

(1) 世界にはさまざまな種類の音楽があります。

There are (　　　　　　) (　　　　　　) of music in the world.

(2) 私は毎年スピーチコンクールに参加します。

I (　　　　　　) (　　　　　　) (　　　　　　) a speech contest every year.

(3) 私たちといっしょにその動物園に行きたいですか。

(　　　　　　) (　　　　　　) like to go to the zoo with us?

4 書きかえ　次の各組の英文がほぼ同じ内容を表すように，（　　）に適切な語を書きなさい。

（完答5点×3＝15点）

(1) Many people love this movie.　➲2

This is a movie (　　　　　　) (　　　　　　) many people.

(2) Hiroshi has a sister. She works as a dentist.　➲1

Hiroshi has a (　　　　　　) (　　　　　　) as a dentist.

(3) A boy wants to meet you. His name is Shota.　➲2

A (　　　　　　) (　　　　　　) Shota wants to meet you.

5 **整序** 日本語に合う英文になるように，(　　)内の語句を並べかえて全文を書きなさい。

(5点×2＝10点)

(1) 私は昨日，アンと呼ばれる少女に出会いました。

(Ann / I / girl / met / called / a) yesterday. ➡2

＿＿＿＿＿＿＿＿＿＿＿＿＿＿＿＿＿＿＿＿＿＿＿＿＿＿＿＿＿＿

(2) その眠っている赤ちゃんの近くで騒音を立てるべきではありません。

(not / baby / make / we / near / the / a noise / should / sleeping). ➡1

＿＿＿＿＿＿＿＿＿＿＿＿＿＿＿＿＿＿＿＿＿＿＿＿＿＿＿＿＿＿

6 **英語で表現** 次のような場合にどう言うか，英語で書きなさい。ただし，現在分詞または過去分詞を使って１文で書くこと。

(5点×2＝10点)

(1) 相手に，自分にはカナダに住んでいるおじが１人いるということを伝える場合 ➡1

＿＿＿＿＿＿＿＿＿＿＿＿＿＿＿＿＿＿＿＿＿＿＿＿＿＿＿＿＿＿

(2) 相手に，夏目漱石（Natsume Soseki）について書かれた本を１冊必要としていることを伝える場合 ➡2

＿＿＿＿＿＿＿＿＿＿＿＿＿＿＿＿＿＿＿＿＿＿＿＿＿＿＿＿＿＿

7 **読解** 次の会話文を読んで，あとの問いに答えなさい。

〔計31点〕

Mao: How do you say “My name is Mao” in ASL?

Daniel: First, sign “my” and “name” like this. Then, spell your name with the sign language alphabet.

Mao: It's like learning another language!

Daniel: Right! Besides, ASL is not just gestures.

Mao: What do you mean?

Daniel: When I asked Sophia “Why?,” she didn't understand me. I didn't lower my eyebrows.

Mao: I see. So facial expressions are also necessary in ASL, right?

Daniel: Yes, exactly.

(1) 下線部の理由を日本語で答えなさい。 (7点)

(　　　　　　　　　　　　　　　　　　　　　　)

(2) 手話における大切なものを，本文に即して２つ日本語で答えなさい。 (6点×2＝12点)

・(　　　　　　　　　　)

・(　　　　　　　　　　)

(3) 本文の内容に合うものには○を，合わないものには×を書きなさい。 (6点×2＝12点)

(a) Daniel showed Mao how to tell her name with a sign language. (　　)

(b) When you use a sign language, you don't have to think about facial expressions. (　　)

定期テスト予想問題2　第1回

PROGRAM 3 ～ Steps 3

教科書 pp.29 ～ 62

目標時間	得点
30分	／100

1 リスニング 次の各問いに答えなさい。

(1) イラストを参考にしながら対話と応答を聞き，最も適切な応答を1つ選び，記号で答えなさい。 (6点)

(　　　)

(2) 対話や英文と質問を聞き，その答えとして最も適切なものを1つ選び，記号で答えなさい。 (7点×2＝14点)

(a) ア A book written in English.　イ A cup made in France.
ウ A book written in Japanese.　エ A cup made in Japan.

(b) ア She was painting a picture.　イ She was playing basketball.
ウ She was taking pictures.　エ She was walking with his brother.

(a) (　　　)　(b) (　　　)

2 適語補充 日本語に合う英文になるように，(　　)に適切な語を書きなさい。 (完答5点×3＝15点)

(1) このコーヒーは苦すぎて私には飲めません。

This coffee is (　　　) bitter (　　　) me (　　　) drink.

(2) 夏休みは間近です。

The summer vacation is (　　　) (　　　) the (　　　).

(3) もはや私たちはここにとどまることができません。

We (　　　) stay here (　　　) (　　　).

3 会話文完成 次の会話について，(　　)に入れるのに最も適切なものを1つ選び，記号で答えなさい。 (7点×2＝14点)

(1) *Man :* Do you have the receipt for this CD?

Girl : (　　　) I'll check my bag.

ア Here you are.　イ May I help you?
ウ Take a look at this.　エ Just a minute.

(2) *Son :* Mom, it's very hot here. Can I use the air conditioner? ➲P3 2

Mom : Sure, but (　　　) If you do so, the cold air will go out from the house.

ア don't make it work for a long time.　イ don't forget to keep it clean.
ウ don't leave the windows open.　エ don't make the air too cold.

4 **英語で表現** 次のイラストの状況に合うように，明(Akira)の発言の(　　)に入る英文を1文で書きなさい。ただし，the teacher を使うこと。 ➲P4 1 (8点)

Tom: Which teacher is Mr. Yamada?

Akira: (　　　　　　　　)

Tom: There are two teachers like that.

Akira: Oh, sorry. He is using a computer.

____

5 **読解** 次のダニエルが美希に送ったメールの一部を読んで，あとの問いに答えなさい。〔計43点〕

> Hello Miki,
>
> How is your life in Canada? Thanks for sending me the comic book. ①<u>(laugh / made / a lot / me / it).</u>
>
> I went to see a professional basketball game yesterday. It was amazing. The arena was full of fans, and sometimes they (②) very excited. I didn't know basketball was so popular here in Japan.
>
> We have the final city basketball tournament next weekend. I'll (③) my best.
>
> Wish me luck!

(1) 下線部①が意味の通る英文になるように(　　)内の語句を並べかえ，全文を書きなさい。 (5点)

____

(2) 空所②，③に入る語として最も適切なものを1つずつ選び，必要があれば適する形にかえて書きなさい。 (4点×2＝8点)

【 have / see / do / get / take 】　　② (　　　　　) ③ (　　　　　)

(3) 本文の内容に合うものには○を，合わないものには×を書きなさい。 (6点×5＝30点)

(a) Daniel is in Japan now and sent this e-mail to Miki in Canada. (　　)

(b) Daniel received an comic book from Miki before sending this e-mail. (　　)

(c) Daniel joined a basketball game played in Japan yesterday. (　　)

(d) There were a lot of people watching the professional basketball game in the arena. (　　)

(e) Daniel is going to see a basketball tournament next weekend. (　　)

定期テスト予想問題2　第2回

PROGRAM 3 ～ Steps 3

教科書 pp.29 ～ 62

目標時間	得点
30分	／100

1 リスニング　次の各問いに答えなさい。

(1)　イラストを参考にしながら対話と応答を聞き，最も適切な応答を1つ選び，記号で答えなさい。　(6点×2＝12点)

(a)  (　　　)

(b)  (　　　)

(2)　対話と質問を聞き，その答えとして最も適切なものを1つ選び，記号で答えなさい。(8点)

ア　He doesn't have the receipt.　イ　He got a broken camera.

ウ　His camera is too old.　エ　He is at the wrong store.

(　　　)

2 適語補充　日本語に合う英文になるように，(　　)に適切な語を書きなさい。(完答5点×3＝15点)

(1)　彼はその宿題を提出するのを忘れてしまいました。

He forgot to (　　　　　) (　　　　　) the homework.

(2)　私はあまりに疲れていたので，何もすることができませんでした。

I was (　　　　　) tired (　　　　　) I (　　　　　) do anything.

(3)　サラは勉強ばかりでなくスポーツも得意です。

Sarah is good at (　　　　　) (　　　　　) studying (　　　　　) (　　　　　) playing sports.

3 会話文完成　次の会話について，(　　)に入れるのに最も適切なものを1つ選び，記号で答えなさい。(7点×2＝14点)

(1)　*Girl* : Look. This is a picture of my pet.　➡P3 1

Boy : Wow, very cute. (　　　　　)

Girl : Kuro. It means "black."

ア　What animal is it?　イ　What do you call it?

ウ　What are their names?　エ　What pet do you have?

(2)　*Boy* : Which boy is your brother?　➡P4 1

Girl : (　　　　　) He often practices there like that for his music festival.

ア　The boy playing the guitar at the bench.　イ　The boy sleeping under the tree.

ウ　The boy playing basketball over there.　エ　The boy walking with a large dog.

4 **英語で表現** 次のイラストの状況に合うように，女性の発言の(　　)にあてはまる英文を1文で書きなさい。ただし，let を使うこと。 ➡P3 3 (8点)

(　　　　　　　　　　　　　　　　　　　　　　　　　　　　　　　　)

5 **読解** ダニエルは友だちから送られてきた動画(video)を真央といっしょに見ています。対話文を読んで，あとの問いに答えなさい。 〔計43点〕

Daniel: Look, Mao. They're my friends. That girl is Sophia.
Mao: Which one is Sophia?
Daniel: She is the girl ①(use) sign language.
Mao: Oh, can you understand her?
Daniel: Yes. She is asking, "How are you?"
Mao: I see. ②It must be fantastic to communicate in sign language.
Daniel: I think so too. Sophia taught me ASL. It's American Sign Language.
Mao: American? I didn't realize there were different kinds of sign languages.
Daniel: ASL is just one of them.
Mao: That's interesting.

(1) ①の(　　)内の語を適する形にかえなさい。 (5点)

(　　　　　　)

(2) 下線部②を日本語にしなさい。 (7点)

(　　　　　　　　　　　　　　　　　　　　　　　　)

(3) 次の質問に主語と動詞のある英文で答えなさい。 (7点)

Who is Sophia? — ________________________________

(4) 本文の内容に合うものには○を，合わないものには×を書きなさい。 (6点×4＝24点)

(a) Daniel and Mao see more than two girls in the video. (　　)

(b) Daniel can understand what Sophia says in sign language. (　　)

(c) Daniel learned some sign languages used in the U.S. at school. (　　)

(d) There is only one kind of sign language in the world and it's ASL. (　　)

PROGRAM 5

The Story of Chocolate 教科書 pp.63 ～ 74

Steps 4 / Word Web ②

1 関係代名詞(主格)：who

I mean the woman who has long hair.（長い髪の女の人のことです。）

☑ 関係代名詞は，前にある名詞(先行詞)を文の形で説明する働きがあります。関係代名詞のうち，先行詞を説明する文の中で主語の役割を果たすものを，主格の関係代名詞といいます。

☑ 主格の関係代名詞 who は，先行詞が「人」の場合に使われます。主格の関係代名詞 who は，〈who＋動詞～〉の形で先行詞を説明します。

例 I have an uncle. [+ He] is good at cooking.

→ I have an uncle [who] is good at cooking.（私には料理が得意なおじがいます。）

先行詞(人)　「料理が得意な」が「おじ」を説明している。

✓Check 次の日本語に合う英文になるように，＿＿＿に適切な語を１つずつ書きなさい。

(1) こちらは，私の家の近くに住んでいる女性です。

This is a woman ＿＿＿＿ ＿＿＿＿ near my house.

★「私の家の近くに住んでいる」で「女性」を説明する。

(2) この物語を書いた少年はボブです。

The boy ＿＿＿＿ ＿＿＿＿ this story is Bob.

★「この物語を書いた」で「少年」を説明する。

📖(3) 私たちのクラスにはチョコレートが大好きな生徒がたくさんいます。

There are many students ＿＿＿＿ ＿＿＿＿ chocolate in our class.

★「チョコレートが大好きな」で「たくさんの生徒」を説明する。

2 関係代名詞(主格)：which

Lions are large animals which belong to the cat family.
（ライオンはネコ科に属する大きな動物です。）

☑ 主格の関係代名詞 which は，先行詞が「もの・事がら」の場合に使われます。主格の関係代名詞 which は，〈which＋動詞～〉の形で先行詞を説明します。

例 My father worked at a factory. [+ It] made computers.

→ My father worked at a factory [which] made computers.

先行詞（もの）　「コンピュータを作っていた」が「工場」を説明している。

（私の父はコンピュータを作っている工場で働いていました。）

Check 次の日本語に合う英文になるように，______に適切な語を１つずつ書きなさい。

(1) ここは３日前に開店したレストランです。

This is a restaurant ______ ______ three days ago.

★「３日前に開店した(＝開いた)」で「レストラン」を説明する。

(2) 彼は緑色の屋根の家に住んでいます。

He lives in a house ______ ______ a green roof.

★「緑色の屋根の家」は「緑色の屋根を持った家」と考える。

(3) たくさんのチョコレートを消費している国を見つけましょう。

Let's find the countries ______ ______ a lot of chocolate.

★「たくさんのチョコレートを消費している」で「国」を説明する。

3 関係代名詞(主格)：that

It's *a movie* that has many romantic scenes.

(それはロマンチックな場面の多い映画です。)

☑ 主格の関係代名詞 that は，先行詞が「人・もの・事がら」の場合に使われます。主格の関係代名詞 that は，〈that＋動詞～〉の形で先行詞を説明します。

先行詞が「人」の場合は，that より who を使うことのほうが多いよ。

☑ 先行詞が〈人＋もの〉の組み合わせの場合，関係代名詞は that を使うことが多いです。この場合，〈もの〉にはたいてい動物を表す名詞が来ます。

例 Look at the boy and the dog that are sleeping on the sofa.

先行詞（人＋もの）　「ソファーで眠っている」が「男の子とイヌ」を説明している。

(ソファーで眠っている男の子とイヌを見てください。)

Check 次の日本語に合う英文になるように，______に適切な語を１つずつ書きなさい。

(1) パッケージにフェアトレードのロゴがあるチョコレートをさがしなさい。

Look for chocolate ______ ______ the fair trade logo on its package.

★「パッケージにフェアトレードのロゴがある」で「チョコレート」を説明する。

(2) これは，いっしょに暮らす１人の少女と１頭のトラについての物語です。

This is a story about a girl and a tiger ______ ______ together.

★「いっしょに暮らす」で「１人の少女と１頭のトラ」を説明する。

PROGRAM 5

まとめテスト　第1回

教科書 pp.63～74

目標時間	得点
30分	／100

Steps 4 / Word Web ②

1 **リスニング** ジョンと加奈の対話を聞き，内容に合う絵を選び，記号で答えなさい。

（5点×2＝10点）

ア

イ

ウ

エ

(1)（　　　　）(2)（　　　　）

2 **語句** 英語は日本語に，日本語は英語にしなさい。（2点×6＝12点）

(1) valuable （　　　　）　(2) prefecture （　　　　）

(3) neck （　　　　）　(4) 毎日の，日常の　d _ _ _ y

(5) 価格，値段　p _ _ _ e　(6) 辞典，辞書　d _ _ _ _ _ _ _ ry

3 **適語補充** 日本語に合う英文になるように，（　）に適切な語を書きなさい。

（完答4点×3＝12点）

(1) この前の日曜日，私は映画を続けて２本見ました。

Last Sunday, I watched two movies (　　　) (　　　) (　　　).

(2) ジムは理科が好きです。一方，彼の弟は体育が好きです。

Jim likes science. (　　　) (　　　) (　　　) (　　　), his brother likes P.E.

(3) 私はサッカー部に所属しています。

I (　　　) (　　　) the soccer team.

4 **適語選択** 正しい英文になるように，（　）内から適切な語句を１つ選び，○で囲みなさい。（3点×5＝15点）

(1) Takuya is a boy (who / he / which) likes soccer very much. ➡1

(2) This is a bus (who / which / it) goes to Aoba Station. ➡2

(3) I want to buy a house (who / this / that) has a large kitchen. ➡3

(4) Do you have any books (who tell / which tell / that tells) us about Fukuzawa Yukichi? ➡2

(5) The woman who designed these bags (am / are / is) famous in my country. ➡1

5 **整序** 日本語に合う英文になるように，(　　)内の語を並べかえて全文を書きなさい。

(5点×2＝10点)

(1) あなたは，駅でチョコレートを売っていた女性を覚えていますか。

(that / the / you / remember / was / woman / chocolate / selling / do) at the station? ➡**3**

____

(2) これは見るとわくわくする映画ですよ。

(excited / is / you / will / which / movie / this / make / a). ➡**2**

____

6 **英語で表現** 次のような場合にどう言うか，英語で書きなさい。ただし，(　　)内の語を使うこと。

(5点×2＝10点)

(1) 相手に，オーストラリアに行ったことのある友だちがいるか尋ねる場合（who） ➡**1**

____

(2) 相手に，空を飛んでいる鳥たちを見るように言う場合（which） ➡**2**

____

7 **読解** 次の健の発表の原稿を読んで，あとの問いに答えなさい。 〔計31点〕

> How did chocolate become popular? Cacao beans were shipped to Europe by the Spanish in the 16th century. After that, Europeans began to drink their chocolate with sugar.
>
> The world's first solid chocolate was made in 1847. However, it was still (　①　). Then a Swiss man and his friend added milk to improve its taste. This is called "milk chocolate" today.
>
> Chocolate is enjoyed throughout the world now. Look at ②this figure. Let's find the countries which consume a lot of chocolate.

(1) 空所①に入る語として適切なものを1つ選び，記号で答えなさい。 (5点)

ア expensive　イ thick　ウ bitter　エ large　(　　)

(2) 下線部②について，健はこの図から何を見つけようと提案していますか。日本語で答えなさい。 (8点)

(　　　　　　　　　　　　　　　　)

(3) 次の質問に3語以上の英語で答えなさい。 (6点)

When was the first solid chocolate born? — ______________________

(4) 本文の内容に合うものには○を，合わないものには×を書きなさい。 (6点×2＝12点)

(a) Cacao beans were introduced to Europe by the Spanish. (　　)

(b) People in Europe in the 16th century enjoyed chocolate by eating it. (　　)

PROGRAM 5

まとめテスト　第2回

Steps 4 / Word Web ②

教科書 pp.63 ~ 74

目標時間	得点
30分	／100

1 リスニング　エマと浩の対話を聞き，内容に合う絵を選び，記号で答えなさい。

（5点×2＝10点）

ア

イ

ウ

エ

(1) (　　　　　) (2) (　　　　　)

2 語句　英語は日本語に，日本語は英語にしなさい。　（2点×6＝12点）

(1) female　(　　　　　)　(2) consume　(　　　　　)

(3) surround　(　　　　　)　(4) デビュー，初登場　de _ _ _

(5) 完全な，申し分ない　p _ _ _ _ _ t　(6) （食事などを）出す　s _ _ _ e

3 適語補充　日本語に合う英文になるように，(　　)に適切な語を書きなさい。

（完答4点×3＝12点）

(1) 彼らは同時にゴールしました。

They reached the goal (　　　　) (　　　　) (　　　　) (　　　　).

(2) 私は彼を親友とみなしています。

I (　　　　) him (　　　　) a best friend.

(3) つまり，私たちにはもっと情報が必要だということです。

(　　　　) (　　　　) (　　　　), we need more information.

4 書きかえ　次の各組の英文がほぼ同じ内容を表すように，(　　)に適切な語を書きなさい。ただし，that は用いないこと。　（完答5点×3＝15点）

(1) I know a doctor. He has his own hospital in this town. ➡1

I know a doctor (　　　　) (　　　　) his own hospital in this town.

(2) Mike has a cat. It's called Bell. ➡2

Mike has a cat (　　　　) (　　　　) (　　　　) Bell.

(3) A boy painted this picture. He is six years old. ➡1

A boy (　　　　) (　　　　) this picture is six years old.

5 **整序** 日本語に合う英文になるように，(　　)内の語句を並べかえて全文を書きなさい。

(5点×2＝10点)

(1) 彼が私の自転車を盗んだ男にちがいありません。

(the / must / my / he / who / be / bike / man / stole). ➡1

____

(2) これは緑駅（Midori Station）行きの電車ですか。

(to / this / goes / train / is / the / that / Midori Station)? ➡3

____

6 **英語で表現** 次のような場合にどう言うか，英語で書きなさい。ただし，(　　)内の語を使うこと。

(5点×2＝10点)

(1) 相手に1枚の写真を差し出して，これは兄によって撮られた写真だと伝える場合（that） ➡3

____

(2) 相手に，先月オープンした動物園にいっしょに行こうと誘う場合（which） ➡2

____

7 **読解** 次のエミリーの発表の原稿を読んで，あとの問いに答えなさい。 〔計31点〕

> Behind its popular image, the history of chocolate has its dark side. Many cacao beans are sold at an unfairly (A) price. So cacao farm workers are very (B). Many of their children are forced to work on cacao farms. They always see cacao, but some of them have never seen chocolate.
>
> Some people started <u>a movement to improve farmers' lives</u>. They buy cacao beans at a fair price and sell "fair trade" chocolate. If you want to buy it, look for chocolate that has the fair trade logo on its package.

(1) 文中のA, Bの空所に入る語の組み合わせとして適切なものを1つ選び，記号で答えなさい。

ア A : high　B : happy　　イ A : low　B : happy　(5点)

ウ A : high　B : poor　　エ A : low　B : poor　(　　)

(2) 下線部の内容を具体的に日本語で答えなさい。 (8点)

(　　　　　　　　　　　　　　　　)

(3) エミリーは発表の中でフェアトレードのチョコレートを買いたければどうすればよいと言っていますか。日本語で答えなさい。 (6点)

(　　　　　　　　　　　　　　　　)

(4) 本文の内容に合うものには○を，合わないものには×を書きなさい。 (6点×2＝12点)

(a) Many children work on cacao farms because they want to do that. (　　)

(b) Some children working on cacao farms don't know what chocolate looks like. (　　)

PROGRAM 6

The Great Pacific Garbage Patch

教科書 pp.75 ～ 90

Steps 5 / Our Project ⑧ / Power-Up 4

1 関係代名詞(目的格)：which

Here is *a plan* which my father made for you.

(ここに私の父があなたのために作った計画があります。)

☑ 関係代名詞のうち，先行詞を説明する文の中で動詞や前置詞の目的語の役割を果たすものを，目的格の関係代名詞といいます。

☑ 目的格の関係代名詞 which は，先行詞が「もの・事がら」の場合に使われます。目的格の関係代名詞 which は，〈which＋主語＋動詞～〉の形で先行詞を説明します。

例 This is a comic book. [+] My brother gave [it] to me.

→ This is a comic book [which] my brother gave to me. (これは兄[弟]がくれたマンガ本です。)

先行詞(もの)　「兄［弟］がくれた」が「マンガ本」を説明している。

Check 次の日本語に合う英文になるように，_____に適切な語を１つずつ書きなさい。

(1) その研究者が太平洋で見つけた小区画がすべての中で最大でした。

The patch ______ ______ ______ ______ in the Pacific is the largest of all.

★「その研究者が太平洋で見つけた」で「小区画」を説明する。

(2) ジム(Jim)が食べていたサンドイッチはおいしそうでした。

The sandwiches ______ ______ ______ ______ looked delicious.

★「ジムが食べていた」で「サンドイッチ」を説明する。

2 関係代名詞(目的格)：that

They are *the cherry trees* that Japan gave to Washington, D.C. in 1912.

(それらは 1912 年に日本がワシントン DC に贈った桜の木です。)

☑ 目的格の関係代名詞 that は，先行詞が「人・もの・事がら」の場合に使われます。目的格の関係代名詞 that は，〈that＋主語＋動詞～〉の形で先行詞を説明します。

☑ 先行詞に最上級や序数，all，every，the only などがつくと，that を使うことが多くなります。

例 This is the best movie [that] I have ever seen. (これは私が今までに見たいちばんよい映画です。)

最上級を含む先行詞　「私が今までに見た」が「いちばんよい映画」を説明している。

✓Check 次の日本語に合う英文になるように，______に適切な語を１つずつ書きなさい。

📖(1) 毎年，人間が捨てるプラスチック製品が多くの海洋動物の命を奪っています。

The plastics ______ ______ ______ ______ kill many sea animals every year.

★「人間が捨てる」で「プラスチック製品」を説明する。

(2) これは彼が出版した唯一の本です。

This is the only book ______ ______ ______.

★「彼が出版した」で「唯一の本」を説明する。先行詞に the only があることに注意。

(3) 彼はあなたが昨日いっしょにテニスをした青年なのですか。

Is he the young man that ______ ______ ______ ______?

★「あなたがいっしょにテニスをした」で「青年」を説明する。

3 関係代名詞の省略

The museum I like the best is near here.

(私がいちばん好きな美術館はこの近くにあります。)

☑ 目的格の関係代名詞は省略されることがあります。この場合，〈主語＋動詞～〉の形で先行詞を説明することになります。

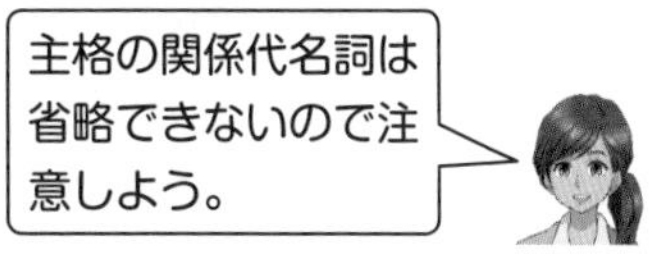

例 This is a bag she bought yesterday.（これは彼女が昨日買ったかばんです。）

先行詞（もの） 「彼女が昨日買った」が「かばん」を説明している。

✓Check 次の日本語に合う英文になるように，______に適切な語を１つずつ書きなさい。

📖(1) ボイヤンさん(Boyan)が発明したクリーンアップシステムは，海のプラスチックごみを集めます。

The cleanup system ______ ______ collects plastic trash in the ocean.

★「ボイヤンさんが発明した」で「クリーンアップシステム」を説明する。

(2) これらは子どもたちが簡単に読める本です。

These are books ______ ______ ______ easily.

★「子どもたちが簡単に読める」で「本」を説明する。「読める」は助動詞を使って表す。

(3) これが彼女が興味を持っていることの１つです。

This is one of the things ______ ______ ______ ______.

★「彼女が興味を持っている」で「こと」を説明する。

PROGRAM 6
まとめテスト　第1回
Steps 5 / Our Project ⑧ / Power-Up 4

教科書 pp.75 ~ 90

目標時間	得点
30分	／100

1 リスニング　英文を聞き，説明しているものを選び，記号で答えなさい。　(5点×2＝10点)

(1)　ア　elephant　　イ　giraffe　　ウ　tiger

(2)　ア　lemon　　イ　egg　　ウ　corn

(1) (　　　　　)　(2) (　　　　　)

2 語句　英語は日本語に，日本語は英語にしなさい。　(2点×6＝12点)

(1)　reduce　(　　　　　)　　(2)　battery　(　　　　　)

(3)　actually　(　　　　　)　　(4)　集める　c _ _ _ _ _ t

(5)　南(の)　_ _ _ th　　(6)　水面，表面　s _ _ _ _ _ e

3 適語補充　日本語に合う英文になるように，(　　)に適切な語を書きなさい。　(完答4点×3＝12点)

(1)　私はあなたに賛成です。

I (　　　　　) (　　　　　) you.

(2)　ボブもジャックもバスケットボールが得意です。

(　　　　　) Bob (　　　　　) Jack are good at basketball.

(3)　あなたの市にいる人の数は私の市にいる人の数の3倍近くです。

The number of people in your city is almost three (　　　　　) (　　　　　) large (　　　　　) that in my city.

4 書きかえ　次の各組の英文がほぼ同じ内容を表すように，(　　)に適切な語を書きなさい。　(完答5点×3＝15点)

(1)　Is there anything else to buy?　➡1・2

Is there anything else (　　　　　) we (　　　　　) (　　　　　)?

(2)　There is a coffee shop near this station. Many people visit it.　➡3

There is a coffee shop (　　　　　) (　　　　　) (　　　　　) near this station.

(3)　Are you looking for this book?　➡3

Is this the book (　　　　　) (　　　　　) (　　　　　) (　　　　　)?

5 **整序** 日本語に合う英文になるように，(　　)内の語を並べかえて全文を書きなさい。

(5点×2＝10点)

(1) あなたが今までに読んだもっともおもしろい本は何ですか。

(you / is / most / what / ever / read / the / book / have / interesting)? ➲3

(2) こちらが，彼らがヒロと呼んでいる男性です。

(is / that / Hiro / the / they / man / this / call). ➲2

6 **英語で表現** 次のような場合にどう言うか，英語で書きなさい。ただし，(　　)内の語を使うこと。

(6点×2＝12点)

(1) 相手に，京都で撮った写真を見せてくれるように頼む場合 (that) ➲2

(2) 相手に，自分が昨日見た映画が退屈だったと伝える場合 (which) ➲1

7 **読解** 次の英文を読んで，あとの問いに答えなさい。 〔計29点〕

In 1997, an ocean researcher reached ①<u>a new "land"</u> when he was sailing across the Pacific Ocean. However, it was actually a huge amount of garbage floating in the ocean. The "land" was made of big and tiny plastic pieces. It is now called ②<u>the Great Pacific Garbage Patch</u>.

In fact, there are five patches in the world. The patch which the researcher found in the Pacific is the largest of all. It is almost four times as large as the whole land of Japan.

(1) 下線部①は何だったと説明されていますか。日本語で答えなさい。 (7点)

(　　　　　　　　　　)

(2) 下線部②について説明した次の文の(　　)に適切な日本語を書きなさい。 (5点×2＝10点)

大小の (a)(　　　　　　　) で構成されており，大きさは日本全土の (b)(　　　　　　　) である。

(3) 本文の内容に合うものには○を，合わないものには×を書きなさい。 (6点×2＝12点)

(a) The Great Pacific Garbage Patch was found by a researcher in 1997. (　　)

(b) The Great Pacific Garbage Patch is the largest island in the world. (　　)

PROGRAM 6

まとめテスト　第2回

Steps 5 / Our Project ⑧ / Power-Up 4

教科書 pp.75 ～ 90

目標時間	得点
30分	／100

1 **リスニング** あるクラスの好きなスポーツランキングについての英文を聞き，ア～エを人気の高い順に並べなさい。（完答8点）

ア　baseball　　イ　tennis　　ウ　basketball　　エ　soccer

(　　　　) → (　　　　) → (　　　　) → (　　　　)

2 **語句** 英語は日本語に，日本語は英語にしなさい。（2点×6＝12点）

(1) trash　(　　　　)　　(2) east　(　　　　)

(3) smell　(　　　　)　　(4) 浮く，浮かぶ　f _ _ _ t

(5) 巨大な　h _ _ e　　(6) 許す，認める　a _ _ _ w

3 **適語補充** 日本語に合う英文になるように，(　　)に適切な語を書きなさい。（完答4点×3＝12点）

(1) 私たちはいつでもみなさんを支援いたします。

We will support you (　　　　) (　　　　) (　　　　).

(2) 私は膨大な量の宿題をしなければならないのです。

I have to do a (　　　　) (　　　　) (　　　　) homework.

(3) 多くの日本人が睡眠不足を抱えていると言われています。

(　　　　) (　　　　) (　　　　) (　　　　) many Japanese people have lack of sleep.

4 **整序** 日本語に合う英文になるように，(　　)内の語を並べかえて全文を書きなさい。（5点×2＝10点）

(1) こちらは，明(Akira)がずっと会いたがっている男性です。

(meet / the / wanted / that / this / Akira / man / is / has / to).　➡2

____

(2) あなたのために私たちにできることは何かありますか。

(you / can / which / there / do / is / we / anything / for)?　➡1

____

5 **書きかえ** 次の英文を(　　)内の指示にしたがって書きかえなさい。 (5点×2＝10点)

(1) The watch was expensive. I bought it last weekend. (thatを使って1文に) ➡2

____

(2) I want to read the book. Tom wrote it. (8語の1文に) ➡3

____

6 **英語で表現** 次のような場合にどう言うか，英語で書きなさい。ただし，(　　)内の語を使うこと。 (6点×2＝12点)

(1) 相手に，クッキーを差し出して，これらは妹が作ったものだと伝える場合 (which) ➡1

____

(2) 相手に，自分のいちばん好きな歌手がボブ・ブラウン(Bob Brown)であると伝える場合 (that) ➡2

____

7 **読解** 次の英文を読んで，あとの問いに答えなさい。 〔計36点〕

<u>The garbage patches are harmful to sea animals.</u> They often get caught in fishing nets on the surface and cannot escape. They also eat small plastic pieces by mistake because these pieces look like their food. The plastics that humans throw away kill many sea animals every year.

It is said that the Great Pacific Garbage Patch contains about 80,000 tons of garbage. Some researchers say that there will be more garbage than fish by 2050. We should reduce our use of plastic and gather the garbage in the sea.

(1) 下線部について，ごみベルトによって海洋動物が受けている被害とはどのようなものですか。その例をまとめた次の表の(　　)に適切な日本語を書きなさい。(8点×2＝16点)

原因となるもの	海洋動物が受けている被害
漁網	水面にいるときに(a) (　　　　　　　　　　　　　　　　)。
プラスチック片	(b) (　　　　　　　　　　　　) ため，誤って食べてしまう。

(2) ごみ問題について，筆者は何をすべきだと述べていますか。日本語で2つ答えなさい。(完答8点)

(　　　　　　　　　　　　　　　　　　　　　　　　　　　　)

(　　　　　　　　　　　　　　　　　　　　　　　　　　　　)

(3) 本文の内容に合うものには○を，合わないものには×を書きなさい。 (6点×2＝12点)

(a) Many sea animals die because of our plastic trash every year. (　　)

(b) There will be about 80,000 tons of garbage in the Great Pacific Garbage Patch in 2050. (　　)

定期テスト予想問題３　第１回

教科書 pp.63 ～ 90

PROGRAM 5 ～ Power-Up 4

目標時間	得点
30分	／100

1 リスニング　次の各問いに答えなさい。

⑴　イラストを参考にしながら対話と応答を聞き，最も適切な応答を１つ選び，記号で答えなさい。　（7点×2＝14点）

(a)

（　　　　）

(b)

（　　　　）

⑵　英文と質問を聞き，その答えとして最も適切なものを１つ選び，記号で答えなさい。（7点）

ア　The boy's grandfather who loves books.

イ　The new library that the boy often visits.

ウ　A library the boy's grandfather built.

エ　A town which the boy wants to visit.　（　　　　）

2 適語補充　日本語に合う英文になるように，（　　）に適切な語を書きなさい。

（完答5点×2＝10点）

⑴　まだ使えるものを捨ててはいけません。

Don't (　　　　) (　　　　) things you can still use.

⑵　つまり，だれもが間違いをおかすのです。

(　　　　) (　　　　) (　　　　), everyone makes mistakes.

3 会話文完成　次の会話について，（　　）に入れるのに最も適切なものを１つ選び，記号で答えなさい。　（7点×2＝14点）

⑴　*Girl :* Have you finished the math homework?　➲P5 1

Boy : Yes. (　　　　) He helped me.

ア　I know the man who wrote this book about robots.　イ　I have an uncle who is good at it.

ウ　I know the boy who is walking over there.　エ　I have a friend who lives in Australia.

⑵　*Girl :* Is this the book (　　　　)　➲P6 3

Boy : Yes, so I was very happy when I found this in the library.

ア　you bought last weekend?　イ　you are going to give Tom?

ウ　you've wanted to read?　エ　you read last weekend?

4 **英語で表現** 次のイラストの状況に合うように，女性の発言の(　　)にあてはまる英文を1文で書きなさい。ただし，which を使うこと。 ➡P5 2 (8点)

5 **読解** 次の対話文を読んで，あとの問いに答えなさい。 〔計47点〕

Emily: I've found a good topic for our speech.
Ken: What is it?
Emily: It's the history of chocolate.
Ken: Sounds interesting! ①(many / chocolate / there / love / students / are / who) in our class.
Emily: According to a website, ②the original chocolate was just a bitter drink.
Ken: A bitter drink? Really?
Emily: Yes. In the old times in Mexico, it was made from crushed cacao beans and spices. It had no sugar. People regarded it as medicine.
Ken: I didn't know that.
Emily: Chocolate was so (③) that only a small number of people could have it.

(1) 下線部①が意味の通る英文になるように(　　)内の語を並べかえ，全文を書きなさい。 (8点)

____

(2) 下線部②を説明した次の文の(　　)に適切な日本語を書きなさい。 (8点×3＝24点)

(a)（　　　　　　　　　　　　）で作られ，(b)（　　　　　　　）は入っておらず，(c)（　　　　　　　）とみなしていた。

(3) 空所③に入る語として適切なものを1つ選び，記号で答えなさい。 (5点)

ア available　イ harmful　ウ valuable　エ strange　(　　　)

(4) 次の質問に主語と動詞のある英文で答えなさい。 (10点)

What will Emily and Ken talk about in their speech?

____

定期テスト予想問題3　第2回

PROGRAM 5 ～ Power-Up 4

教科書 pp.63 ～ 90

目標時間	得点
30分	／100

1 リスニング　次の各問いに答えなさい。

(1) イラストを参考にしながら対話と応答を聞き，最も適切な応答を1つ選び，記号で答えなさい。　(7点×2＝14点)

(a)

(　　　　)

(b)

(　　　　)

(2) 対話と質問を聞き，その答えとして最も適切なものを1つ選び，記号で答えなさい。(8点)

ア The watch which he found in the kitchen this morning.

イ The black watch which he wants to buy.

ウ The watch he bought as a present for his grandfather.

エ The black watch his grandfather gave him.　(　　　　)

2 適語補充　日本語に合う英文になるように，(　　)に適切な語を書きなさい。　(完答5点×2＝10点)

(1) 私は彼女を日本で一番のテニス選手とみなしています。

I (　　　　) her (　　　　) the best tennis player in Japan.

(2) この木は樹齢500年と言われています。

(　　　　) (　　　　) (　　　　) (　　　　) this tree is 500 years old.

3 会話文完成　次の会話について，(　　)に入れるのに最も適切なものを1つ選び，記号で答えなさい。　(7点×2＝14点)

(1) *Boy :* (　　　　)　➡P5 2

Girl : A large one which has a lot of fruit on it.

ア What will you make tomorrow's lunch?　イ What kind of cake do you want?

ウ What is your favorite ice cream shop?　エ What food do you like the best?

(2) *Girl :* Wow, you have a nice cap. Did you buy it?　➡P6 3

Boy : No. (　　　　)

ア This is a cap I bought in Italy.　イ This is a cap I bought yesterday.

ウ This is a cap my brother gave me.　エ This is the cap I like the best.

4 **英語で表現** 次のイラストの内容に合うように，2つ目の加奈(Kana)の発言として適切な内容を英文1文で書きなさい。ただし，who を使うこと。 ➡P5 1 (8点)

新作映画情報
ジャックの夢—Jack' s Dream(絶賛上映中)
テックス(Tex)と呼ばれるロボットと世界中のたくさんの場所を旅する少年の物語です。
出演：ボブ・ブラウン（Bob Brown）他

Kana: Let's see this movie this weekend.
Helen: What is it about?
Kana: It's a story about ______________________________

____

5 **読解** 次の英文を読んで，あとの問いに答えなさい。 〔計46点〕

When Boyan Slat was 16, he went diving in Greece. ①He was surprised to see so much garbage there. Two years later, he started the Ocean Cleanup project to solve this problem.

The cleanup system Boyan invented collects plastic trash in the ocean. Huge screens catch the plastic without hurting sea animals.

"②Don't we all (is / than / a / that / future / better / want) the present?" Boyan said. "We can actually make things better again, and we can do ③this, and we must do ③this, and we will do ③this."

(1) 下線部①の理由を日本語で具体的に答えなさい。 (8点)
(　　　　　　　　　　　　　　　　　　　　　　　　　　).

(2) 下線部②が意味の通る英文になるように(　　)内の語を並べかえ，全文を書きなさい。 (8点)

____

(3) 下線部③は全て同じものを指しています。その内容を日本語で答えなさい。 (8点)
(　　　　　　　　　　　　　　　　　　　　　　　　　　).

(4) 次の質問に主語と動詞のある英文で答えなさい。 (8点)
What did Boyan visit Greece for when he was sixteen?

____

(5) 本文の内容に合うものには○を，合わないものには×を書きなさい。 (7点×2＝14点)
(a) Boyan started the Ocean Cleanup project when he was eighteen. (　　)
(b) Boyan invented a cleanup system which could clean the sea but some damage sea animals. (　　)

PROGRAM 7 Is AI a Friend or an Enemy? 教科書 pp.91 ～ 99

1 仮定法過去

① **If I were you, I would ask someone to help.**

(もし私があなただったら，だれかに手伝ってもらうように頼むでしょう。)

- ☑ 現在の事実と違うことを仮定する，過去形を使った表現を仮定法過去といい，「〔実際は違うが〕もし(今)～なら，…でしょう」と表す場合は，〈If＋主語＋動詞の過去形，主語＋would[could]＋動詞の原形〉の形を使います。
- ☑ 〈If＋主語＋動詞の過去形〉に be 動詞を使う場合は，主語の人称や数に関係なく were を使います。

話しことばでは，主語が I や三人称単数の場合に was を使うこともあるよ。

② **If I had some snacks, I would feel better.**

(もしおやつがあれば，私は元気が出るでしょうに。)

- ☑ 〈If＋主語＋動詞の過去形〉の〈動詞の過去形〉の部分が〈助動詞＋動詞の原形〉の場合は助動詞を過去形にします。

例 If I could speak English well, I would go to America alone.
(私が英語をじょうずに話すことができたら，ひとりでアメリカに行くでしょう。)

Check 次の日本語に合う英文になるように，＿＿に適切な語を１つずつ書きなさい。

(1) 晴れていたら，私たちは公園でテニスをすることができるのですが。

If it ＿＿＿ sunny, we ＿＿＿ ＿＿＿ tennis in the park.

★主語が it でも were を使う。

(2) 彼の電話番号を知っていれば，彼に電話をかけることができるのですが。

If I ＿＿＿ his phone number, I ＿＿＿ ＿＿＿ him.

★「知っている」know の過去形 knew を使う。

📖(3) もし私があなただったら，ロボット掃除機を買うでしょう。

If I ＿＿＿ you, I ＿＿＿ ＿＿＿ a robot vacuum cleaner.

★実際には「私」は「あなた」ではないので，仮定法過去を使う。

(4) 彼が忙しくなければ，私は彼に助けを求めるのですが。

If he ＿＿＿ busy, I ＿＿＿ ＿＿＿ for his help.

★「彼が忙しくなければ」なので，If ～の部分を否定文の形にする。

📖(5) 〔実際には持っていないが〕同じ能力を持っていれば，人間はポナンザを負かす機会を持つでしょう。

If humans ＿＿ the same abilities, they ＿＿ ＿＿ a chance to beat Ponanza.

★実際には能力を持っていないので，仮定法過去を使う。

(6) ピアノがひけたら，私もこのコンクールに参加できるのですが。

If I ______ ______ the piano, I ______ ______ this contest too.

★「ピアノがひけたら」なので，If ～の部分に助動詞を用いる。

(7) 彼があなただったら，そんなことはしないでしょう。

If he ______ you, he ______ ______ ______ such a thing.

★「～しないでしょう」なので，〈主語＋would[could]＋動詞の原形〉の部分を否定文の形にする。

2 〈I wish＋主語＋(助)動詞の過去形〉

I wish I had a camera with me.

(カメラを持っていればなあ。)

- 「(今)～だったらいいのに」というように，現在の事実と違う願望を表す場合は，〈I wish＋主語＋(助)動詞の過去形〉の形を使います。
- wish に続く節で be 動詞を使う場合は were を使います。
- I 以外の語も文頭の主語として使うことができます。

例 He wishes he could play the guitar. (彼はギターがひければいいのにと思っています。)

Check 次の日本語に合う英文になるように，______に適切な語を1つずつ書きなさい。

(1) 私に兄弟がいたらなあ。

I ______ I ______ a brother.

★現在の事実「兄弟がいない」と違うことについての願望を表す。

(2) グリーン先生が私の英語の先生だったらなあ。

I ______ Ms. Green ______ my English teacher.

★ wish に続く節の中では be 動詞は were を使う。

(3) 鳥のように空が飛べたらいいのになあ。

I ______ I ______ ______ in the sky like a bird.

★ wish に続く節の中では助動詞も過去形にする。

(4) 彼がこのチームの指導者になってくれたらいいのですが（なってくれません)。

I ______ he ______ ______ the leader of this team.

★現在の事実「彼はこのチームの指導者になるつもりがない」と違うことについての願望を表す。

(5) 彼女は，自分が料理が得意だったらなあと思っています。

She ______ she ______ good at cooking.

★主語が She なので wish は wishes にする。

(6) AI が自分たちのためにすべてのことをしてくれたらいいのにと思っている人々もいます。

Some people ______ AI ______ ______ everything for them.

★現在の事実「AI がすべてのことをしてくれるわけではない」と違うことについての願望を表す。

PROGRAM 7

まとめテスト　第1回

教科書 pp.91 ～ 99

目標時間	得点
30分	／100

1 **リスニング** それぞれの対話を聞き，内容に合う絵を選び，記号で答えなさい。(3点×2＝6点)

ア

イ

ウ

エ

(1) (　　　　) (2) (　　　　)

2 **語句** 英語は日本語に，日本語は英語にしなさい。(2点×6＝12点)

(1) map (　　　　)　(2) disease (　　　　)

(3) suggest (　　　　)　(4) 便利な c＿＿＿＿＿＿＿＿＿t

(5) 患者 p＿＿＿＿＿t　(6) 想像する i＿＿＿＿＿e

3 **適語補充** 日本語に合う英文になるように，(　　)に適切な語を書きなさい。

(完答4点×3＝12点)

(1) 向こうにあるベンチで休憩しましょう。

Let's (　　　　) (　　　　) (　　　　) at the bench over there.

(2) だれかと握手するときは，その人の目を見なさい。

When you (　　　　) (　　　　) (　　　　) someone, look at the person's eyes.

(3) あなたは机をきれいに掃除すべきです。

You should (　　　　) (　　　　) your desk.

4 **書きかえ** 次の各組の英文がほぼ同じ内容を表すように，(　　)に適切な語を書きなさい。

(完答5点×3＝15点)

(1) I don't have my camera now, so I can't lend it to you. ➡1

If I (　　　　) my camera now, I (　　　　) (　　　　) it to you.

(2) I'm sorry, but I can't help you. ➡2

I (　　　　) I (　　　　) help you.

(3) Meg is sick, so she won't go to school today. ➡1

If Meg (　　　　) (　　　　) sick, she (　　　　) go to school today.

5 **整序** 日本語に合う英文になるように，(　　)内の語や符号を並べかえて全文を書きなさい。 (5点×2＝10点)

(1) 私が鳥だったら，さまざまな国をお金を使わずに訪れることができるのに。

(countries / using / bird / various / visit / a / I / I / if / money / were / without / could / ,). ➡1

____

(2) このレストランが自宅のとなりにあればいいのに。

(my / next / restaurant / wish / to / I / this / were / house). ➡2

____

6 **英語で表現** 次のような場合にどう言うか，英語で書きなさい。 (6点×2＝12点)

(1) 映画を見に行かないかと誘ってくれた相手に，忙しくなければ行くのですが，と断る場合 ➡1

____

(2) 夏休みがもっと長ければいいのにという，現在の事実と違うことについての願望を述べる場合 ➡2

____

7 **読解** 次の英文を読んで，あとの問いに答えなさい。 〔計33点〕

> Today AI has developed to a level that is difficult for humans to imagine. *Shogi* is an excellent example.
>
> The computer program Ponanza studied 50,000 games played by experts. It also played seven million more games against another Ponanza. ①<u>By doing so, it found how to select the best move from millions of choices.</u> In 2013, Ponanza finally beat an expert.
>
> AI can store and process a lot of information quickly. If humans had ②<u>the same abilities</u>, they would have a chance to beat Ponanza. Now humans learn *shogi* from AI.

(1) 下線部①について，ポナンザが最適な一手の見つけ方を発見するために行ったこととはどのようなことですか。本文中から２つさがし，日本語で答えなさい。(7点×2＝14点)

・(　　　　　　　　　　　　　　　　　　　　)

・(　　　　　　　　　　　　　　　　　　　　)

(2) 下線部②とはどのようなものですか。日本語で説明しなさい。 (7点)

(　　　　　　　　　　　　　　　　　　　　)

(3) 本文の内容に合うものには○を，合わないものには×を書きなさい。 (6点×2＝12点)

(a) Ponanza has been a stronger *shogi* player than humans since it was born. (　　)

(b) Now AI is used as a tool which teaches people *shogi*. (　　)

PROGRAM 7

まとめテスト　第2回

教科書 pp.91～99

目標時間	得点
30分	／100

1 リスニング　フレッドと明日香の対話を聞き，内容に合うものを選び，○で囲みなさい。

(5点×2＝10点)

(1) 明日香は今食べるものを（　買える　／　買えない　）。

(2) フレッドは絵具で絵を描くのが（　得意　／　苦手　）だ。

2 語句　英語は日本語に，日本語は英語にしなさい。　(2点×6＝12点)

(1) process　（　　　　　）　(2) enemy　（　　　　　）

(3) expert　（　　　　　）　(4) すぐに，速く　q＿＿＿＿ly

(5) 機会，チャンス　c＿＿＿＿e　(6) だれも〜ない　n＿＿＿＿y

3 適語補充　日本語に合う英文になるように，（　　）に適切な語を書きなさい。ただし，(2)は指定された文字で始めること。

(完答4点×3＝12点)

(1) 私の母は英語と中国語の両方を話せます。

My mother can speak (　　　　　) English (　　　　　) Chinese.

(2) 私たちは，いっしょに働いてくれる人をさがしています。

We are (s　　　　) (f　　　　) a person who will work with us.

(3) ところで，加奈は今どこにいるのですか。

(　　　　　) (　　　　　) (　　　　　), where is Kana now?

4 適語選択　日本語に合う英文になるように，（　　）から適切な語句を１つ選び，○で囲みなさい。

(4点×3＝12点)

(1) テニスを熱心に練習すれば，彼女はいいプレイヤーになれるのに(練習しない)。➡1

If she (practices / practiced / will practice) tennis harder, she could become a good player.

(2) もっと自由な時間があればなあ。➡2

I wish I (have / had / be) more free time.

(3) ここにトムがいたら，あの人たちを助けるでしょう。➡1

If Tom were here, he (will help / helps / would help) those people.

5 **整序** 日本語に合う英文になるように，(　　)内の語句や符号を並べかえて全文を書きなさい。 (5点×2＝10点)

(1) 彼が美術館を訪れるのが好きだったらよかったのになあ。

(museums / liked / wish / to / he / I / visit). ➡2

(2) 家の近くにハンバーガーショップがあればそこに行くのになあ。

(house / would / hamburger shop / were / I / if / there / a / near / my / ,) go there. ➡1

6 **英語で表現** 次のような場合にどう言うか，英語で書きなさい。 (6点×2＝12点)

(1) 「〔実際は持っていないけれど〕今300万円(three million yen)を持っていたらどうする？」と尋ねられ，「世界じゅうを旅行する」と答える場合（ifを使うこと） ➡1

(2) 英語を流ちょうに話す健(Ken)を見て，健と同じくらい英語をじょうずに話せたらなあと，現在の事実と違うことについての願望を述べる場合 ➡2

7 **読解** 次の英文を読んで，あとの問いに答えなさい。 〔計32点〕

AI makes our lives more convenient. Some people wish AI would do everything for them. However, we should know both ①the good and bad points of it. In the medical field, for example:

· AI may find diseases like cancer better and faster than humans.

· AI may do operations more correctly than humans.

On the other hand:

· Human doctors may lose their jobs.

· AI may not understand patients' feelings.

AI has been developing at an unbelievable speed. How can we live together with AI ②(　　)(　　)(　　)?

(1) 下線部①についてまとめた次の表の(　　)に適切な日本語を書きなさい。 (6点×4＝24点)

利点	・病気を人よりも(a)(　　　　　　　　)かもしれない。
	・人よりも(b)(　　　　　　　　)かもしれない。
欠点	・人間の医師が(c)(　　　　　　　　)かもしれない。
	・AIが(d)(　　　　　　　　)かもしれない。

(2) 本文の内容に合う英文になるように，(　　)に適切な本文中の1語を書きなさい。 (4点)

Our lives become more (　　　　　　) because of AI.

(3) 下線部②が「これからは」という意味になるように，(　　)に適切な語を書きなさい。

(　　　　)(　　　　)(　　　　) (完答4点)

Reading ②

まとめテスト　第1回

Special Project / Word Web ③

教科書 pp.100 ～ 109

目標時間	得点
30分	／100

1 リスニング　英語を聞き，内容に合う絵を選び，記号で答えなさい。　(4点×3＝12点)

(1)　ア　イ

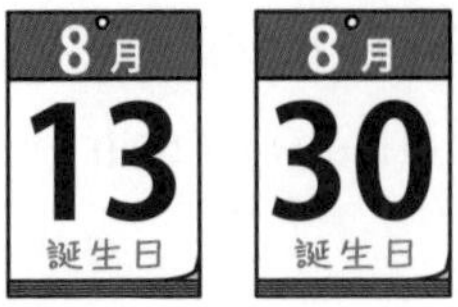

(2)　ア　イ

(3)　ア　イ

(1) (　　　　) (2) (　　　　) (3) (　　　　)

2 語句　英語は日本語に，日本語は英語にしなさい。　(2点×4＝8点)

(1) northern　(　　　　　)　　(2) solution　(　　　　　)

(3) 集団，一団　g ＿ ＿ ＿ p　　(4) 隠す　h ＿ ＿ e

3 適語補充　日本語に合う英文になるように，(　　)に適切な語を書きなさい。

(完答4点×3＝12点)

(1) ある日，私はその公園でとある少年に出会いました。

(　　　　　) (　　　　　) I met a boy in the park.

(2) 孝二は2008年の7月14日に生まれました。

Koji (　　　　　) (　　　　　) on July fourteenth, 2008.

(3) その映画を見て私たちは感動しました。

We (　　　　　) (　　　　　) by the movie.

4 整序　日本語に合う英文になるように，(　　)内の語を並べかえて全文を書きなさい。

(5点×3＝15点)

(1) 彼らはそのネコをクロと呼んでいます。

(Kuro / call / the / they / cat).

＿＿＿＿＿＿＿＿＿＿＿＿＿＿＿＿＿＿＿＿＿＿＿＿

(2) そのサッカーの試合を見て私たちは興奮しました。

(game / excited / the / us / soccer / made).

＿＿＿＿＿＿＿＿＿＿＿＿＿＿＿＿＿＿＿＿＿＿＿＿

(3) 私たちはすぐに家を出なければなりませんでした。

We (leave / had / soon / to / home).

＿＿＿＿＿＿＿＿＿＿＿＿＿＿＿＿＿＿＿＿＿＿＿＿

5 読解 次の英文を読んで，あとの問いに答えなさい。 〔計53点〕

"One child, one teacher, one book, and one pen can change the world. Education is the only solution. Education first." On July 12, 2013, Malala Yousafzai, a Pakistani schoolgirl, spoke at the United Nations for the rights of children's education in the world. All the people (①) to her speech were deeply moved by her words. The U.N. called the day Malala Day. It was her 16th birthday.

About nine months before her speech, ②Malala was shot by a gunman. Why was she (③)?

Malala was born in the Swat Valley of northern Pakistan. It was a very beautiful place. One day a Taliban group came to her town. After that, ④her life changed very much. People had no freedom. Girls could not go to school freely. "When we went to school, we had to hide our books under our shawls," said Malala.

Malala wrote about the miserable life there in her blogs. That made the Taliban very angry. Later, on October 9, 2012, a gunman shot her on a school bus.

(1) 空所①，③に入る語として適切なものを下の【　】内からそれぞれ選び，適切な形にかえて書きなさい。 (5点×2＝10点)

【 survive / kill / attack / listen 】

① (　　　　) ③ (　　　　)

(2) マララさんは何を求めて国際連合でスピーチをしたのですか。具体的に日本語で答えなさい。 (7点)

(　　　　　　　　　　　　　　　　)

(3) 下線部②の理由を日本語で答えなさい。 (8点)

(　　　　　　　　　　　　　　　　)

(4) 下線部④に関する次の文の(　)に適切な日本語を書きなさい。 (7点×2＝14点)

マララさんは(a) (　　　　　　　) ことができなくなり，そうするときには(b) (　　　　　　　) 必要があった。

(5) 次の質問に3語以上の英語で答えなさい。 (7点×2＝14点)

(a) When was Malala born?

____

(b) Did people in the Swat Valley lose their freedom because of the Taliban?

____

Reading ②

まとめテスト　第2回

Special Project / Word Web ③

教科書 pp.100 ～ 109

目標時間	得点
30分	／100

1 リスニング　ベンと里美《さとみ》の電話での会話を聞き，内容に合うものには○を，合わないものには×を書きなさい。　(5点×3＝15点)

(1)　ベンと里美は，雨が降っているのでバドミントンができない。　(　　)

(2)　ベンはバドミントンをする代わりに映画を見ることを提案している。(　　)

(3)　里美は，ベンが何時に家に来るつもりかを知りたがっている。　(　　)

2 語句　英語は日本語に，日本語は英語にしなさい。　(2点×4＝8点)

(1)　effective　(　　　　　)　　(2)　immediately　(　　　　　)

(3)　意見　o _ _ _ _ _ n　　(4)　回復する　r _ _ _ _ _ r

3 適語補充　日本語に合う英文になるように，(　　)に適切な語を書きなさい。ただし，(2)は指定された語で始めること。　(完答4点×3＝12点)

(1)　バスケットボールをする代わりに，テレビゲームをしませんか。

Why don't we play a video game (　　　) (　　　) playing basketball?

(2)　美穂は去年アメリカに行って，それ以来ずっとそこに住んでいます。

Miho went to the U.S.A. last year, and (e　　　) (s　　　), she has lived there.

(3)　この企画について率直に意見を述べてください。

Please (　　　　) (　　　　) about this project.

4 整序　日本語に合う英文になるように，(　　)内の語を並べかえて全文を書きなさい。　(5点×3＝15点)

(1)　彼らは私をそのチームの指導者にしました。

(team / they / leader / made / the / the / me / of).

____

(2)　雅人はそのコンクールに参加した最年少の男の子でした。

Masato (youngest / contest / to / was / the / the / boy / join).

____

(3)　あなたといっしょにそのコンサートに行かせてください。

(the / you / go / let / to / with / me / concert).

____

5 **読解** 次の英文を読んで，あとの問いに答えなさい。 〔計50点〕

The attack on Malala became big news throughout the world. Immediately she was ①(take) to a hospital in the U.K. and recovered miraculously. After that, her voice was stronger than ever. “We raised our voices for the rights of education. When the whole world is (②), then even one voice becomes powerful,” said Malala.

In 2014, the Nobel Peace Prize was awarded to Malala. She became the youngest person in history to receive the prize.

In her speech, Malala said, “A war can never be ended by a war.” “Instead of sending guns, send pens. Instead of sending tanks, send books. Instead of sending soldiers, send (③).”

Malala continued to speak out: “Let us dream today. A dream of ④a bright future. There every girl and every boy are going to school. We are going to be the future and let us make our future now, and let us make today’s (A) tomorrow’s (B).”

(1) ①の( )内の語を適する形にかえなさい。 (4点)

( )

(2) 空所②に入る語として適切なものを１つ選び，記号で答えなさい。 (5点)

ア fluffy　イ dead　ウ silent　エ lasting　( )

(3) マララさんについて説明した次の文の( )に適切な日本語を書きなさい。(5点×3＝15点)

退院後，マララさんは(a)( ) を訴えるためにさらに声を上げ，2014年に史上(b)( ) で(c)( ) を受賞した。

(4) 空所③に入る語として適切なものを１つ選び，記号で答えなさい。 (5点)

ア teachers　イ mothers　ウ brothers　エ soldiers　( )

(5) 下線部④とはどのようなものですか。日本語で答えなさい。 (6点)

( )

(6) 空所A，Bに入る語の組み合わせとして適切なものを１つ選び，記号で答えなさい。(5点)

ア A : images　B : reality　イ A : dreams　B : reality

ウ A : images　B : fact　エ A : dreams　B : fact　( )

(7) 本文の内容に合うものには○を，合わないものには×を書きなさい。 (5点×2＝10点)

(a) The news about the attack on Malala was told all over the world. ( )

(b) According to Malala, having a war is an effective way that makes another war end. ( )

Further Reading ①

まとめテスト　第1回

教科書 pp.110 ～ 112

目標時間	得点
30分	／100

1 リスニング　英文を聞き，絵の内容に合うものには○を，合わないものには×を書きなさい。

（5点×3＝15点）

(1)（　　　　）(2)（　　　　）(3)（　　　　）

2 語句　英語は日本語に，日本語は英語にしなさい。　（2点×4＝8点）

(1) successful　（　　　　　）　　(2) silly　（　　　　　）

(3) 最近の　r _ _ _ _ t　　(4) 聴衆，観客　a _ _ _ _ _ _ _ e

3 適語補充　日本語に合う英文になるように，（　　）に適切な語を書きなさい。

（完答4点×3＝12点）

(1) ここ何年かの間でその村は有名になりました。

（　　　　）（　　　　）（　　　　）, the village has become famous.

(2) 最近，人気のある役者が私たちの町を訪れました。

（　　　　）the（　　　　）（　　　　）, a popular actor visited our town.

(3) その箱はおもちゃでいっぱいでした。

The box（　　　　）（　　　　）with toys.

4 整序　日本語に合う英文になるように，（　　）内の語句を並べかえて全文を書きなさい。

（5点×3＝15点）

(1) ケースの中のケーキはおいしそうでした。

(in / delicious / the case / the cakes / looked).

____

(2) 私たちにはいくらかのお金と食べ物が与えられました。

(to / and food / us / some / given / money / were).

____

(3) 彼らは2時間ずっとテレビゲームをしています。

(game / been / a / have / playing / for / they / video) two hours.

____

5 **読解** 次の英文を読んで，あとの問いに答えなさい。 〔計50点〕

Have you ①(hear) of the Ig Nobel Prize? It started in 1991 as a parody of the Nobel Prize. The awards go to “improbable research” ; (②), they celebrate ③<u>the unusual studies in science</u>. Those studies look silly at first, but they are all serious studies.

Over the years, the Prize has become popular throughout the world. Surprisingly, Japanese scientists have been very successful in winning the awards. For example, in 2004, the Ig Nobel Peace Prize was ④(give) to Mr. Inoue Daisuke for inventing *karaoke*. Actually, Japanese scientists have been winning the Ig Nobel Prize ⑤<u>for ( ) ( ) 10 years ( ) ( ) ( )</u>.

Every September, the award ceremony is held at Harvard University in the U.S. The winners receive the awards and make a speech in a big hall at the university. It is filled with scientists and students. They all love science. Afterwards, the audience sees scientific presentations by the winners.

(1) ①，④の( )内の語を適する形にかえて書きなさい。 (5点×2＝10点)

① ( ) ④ ( )

(2) 空所②に入れるのに最も適切な語句を選び，記号で答えなさい。 (5点)

ア on the other hand　イ in other words

ウ at the same time　エ in this way ( )

(3) 下線部③の特徴を本文に即して日本語で答えなさい。 (8点)

( )

(4) 下線部⑤が「10年以上もの間続けて」という意味になるように，( )に適切な語を書きなさい。 (完答6点)

for ( ) ( ) 10 years ( ) ( ) ( )

(5) 本文のどこかに次の文が入ります。その場所として適切な場所をさがし，その直前と直後にある語を1語ずつ書きなさい。 (完答5点)

Many other Japanese people have received the awards in the recent past.

直前 ( ) 直後 ( )

(6) 次の質問に主語と動詞のある英文で答えなさい。 (8点×2＝16点)

(a) Why did Mr. Inoue Daisuke get the Ig Nobel Peace Prize?

____

(b) What do the Ig Nobel Prize winners do at the award ceremony after making a speech?

____

Further Reading ①

まとめテスト　第2回

教科書 pp.110～112

目標時間	得点
30分	／100

1 **リスニング** 健太のスピーチを聞き，内容に合うものには○を，合わないものには×を書きなさい。（5点×3＝15点）

⑴ ジョンとは，たくさんのおかしなことをする少年のことである。（　　）

⑵ 『ジョンの日常生活』は薄い本である。（　　）

⑶ 健太は『ジョンの日常生活』は読むと笑える本だと考えている。（　　）

2 **語句** 英語は日本語に，日本語は英語にしなさい。（2点×4＝8点）

⑴ discovery（　　　　）　⑵ presentation（　　　　）

⑶ 増やす，強める i _ _ _ _ _ _ _ e　⑷ 好奇心 c _ _ _ _ _ _ _ _ y

3 **適語補充** 日本語に合う英文になるように，(　　)に適切な語を書きなさい。（完答4点×3＝12点）

⑴ かがんでボールを拾い上げてください。

(　　　　)(　　　　) and pick the ball up.

⑵ はじめは彼の考えを理解することができませんでした。

(　　　　)(　　　　), I couldn't understand his idea.

⑶ このケーキはあなたたち自身で作ったのですか。

Did you make this cake (　　　　)(　　　　)?

4 **整序** 日本語に合う英文になるように，(　　)内の語を並べかえて全文を書きなさい。（5点×3＝15点）

⑴ この小さな鳥は日本語で「スズメ」と呼ばれています。

(is / in / small / "*suzume*" / this / called / bird) Japanese.

____

⑵ この薬を飲むと気分がよくなりますよ。

(feel / make / this / better / will / medicine / you).

____

⑶ 私は，この宿題を終わらせるのにどのくらいの時間が必要になるのかわかりません。

I don't know (time / I / how / to / need / finish / much / will) this homework.

____

5 読解 次の英文を読んで，あとの問いに答えなさい。 〔計50点〕

In 2016, ①two Japanese scientists won the prize. They made the following discovery: Things look smaller when you bend over and view them between your legs. It is called *matanozoki* in Japanese.

In the ceremony, one of the winners, Mr. Higashiyama made a short speech about his research. Later, he made a demonstration of his study *matanozoki* by himself. Then a group of Ig Nobel winners joined him and they all performed his study on the stage.

At first, the discovery by the Japanese scientists may look silly. However, their study has something humorous and serious too. The Ig Nobel award group says, "This research makes people laugh and then think. We hope to increase people's curiosity. We also want to ask: what is important and what is not in science? How do you decide?"

By the way, do you know how much money the scientists get by winning the award? Winners of the Nobel Prize receive 9 million Swedish krona. (②), the Ig Nobel Prize winners receive no money. Instead, they just get 60 seconds to talk about their research.

(1) 下線部①の人々は何を発見しましたか。具体的に日本語で答えなさい。 (8点)

( )

(2) 空所②に入る語句として適切なものを選び，記号で答えなさい。 (5点)

ア As a result　　イ On the other hand

ウ In other words　　エ By the way　　( )

(3) 次の質問に3語以上の英語で答えなさい。 (8点×2＝16点)

(a) Does the Ig Nobel award group want people to have more curiosity?

____

(b) What are the Ig Nobel Prize winners given?

____

(4) 本文の内容に合うものには○を，合わないものには×を書きなさい。 (7点×3＝21点)

(a) The discovery about *matanozoki* was made only by a Japanese scientist named Mr. Higashiyama. ( )

(b) When Mr. Higashiyama did *matanozoki* in the award ceremony in 2016, the Ig Novel winners tried it with him. ( )

(c) The Ig Nobel award group thinks people will laugh and think when they learn the study about *matanozoki*. ( )

Further Reading ②

まとめテスト　第1回

教科書 pp.113～118

目標時間	得点
30分	／100

1 リスニング　英文を聞き，絵の内容に合うものには○を，合わないものには×を書きなさい。

（5点×3＝15点）

(1)（　　　　）(2)（　　　　）(3)（　　　　）

2 語句　英語は日本語に，日本語は英語にしなさい。

（2点×4＝8点）

(1) envelope　（　　　　　）　(2) certainly　（　　　　　）

(3) 婦人　l _ _ y　(4) 約束する　p _ _ _ _ _ e

3 適語補充　日本語に合う英文になるように，（　　）に適切な語を書きなさい。

（完答4点×3＝12点）

(1) その少年は母親の服を引っぱりました。

The boy (　　　　　) (　　　　　) his mother's clothes.

(2) 彼らはおたがいうまくやっていけるでしょう。

They will be able to (　　　　　) (　　　　　) with each other.

(3) 今はその話題について話し合う方がいいでしょうね。

We (　　　　　) (　　　　　) (　　　　　) talk about that topic now.

4 整序　日本語に合う英文になるように，（　　）内の語句を並べかえて全文を書きなさい。

（6点×3＝18点）

(1) この用紙を提出すれば，あなたはこの図書館を使うことを許可されるでしょう。

If you hand in this sheet, (this library / to / be / you / use / will / allowed).

____

(2) そのトラを見たとき，少年は驚いているように見えました。

(when / surprised / saw / seemed / the boy / he) the tiger.

____

(3) 日本で暮らすことにはもう慣れましたか。

(living / you / Japan / have / in / used / got / to) yet?

____

5 読解 次の英文を読んで，あとの問いに答えなさい。 〔計47点〕

One day, a lion came to the library. He walked right past the circulation desk and up into the stacks. Mr. McBee ran down to the head librarian's office. "Miss Merriweather!" he called. "No running," said Miss Merriweather, without looking up. "But there's a lion!" said Mr. McBee. "In the library!" "Is he breaking any rules?" asked Miss Merriweather. "Well, no," said Mr. McBee. "①Then leave him be."

②No one was sure what to do. There weren't any rules about lions in the library. Soon it was time for story hour. The story lady seemed a little nervous. But she read out the first book's title in a good, clear voice. The lion looked up. The story lady ③(keep) reading. The lion stayed for the next story. And the story after that. He waited for another story, but the children ④(begin) to walk away. "Story hour is over," a little girl told him. The lion looked at the children. He looked at the story lady. He looked at the closed books. ⑤Then he roared very loud.

Miss Merriweather came out of her office. "Who is making that noise?" she demanded. "It's the lion," said Mr. McBee. Miss Merriweather marched over to the lion. "If you cannot be quiet, you will have to leave," she said in a stern voice. "Those are the rules!" The little girl tugged on Miss Merriweather's dress. "If he promises to be quiet, can he come back for story hour tomorrow?" she asked. Miss Merriweather said, "Yes. A nice, quiet lion would certainly be allowed to come back for story hour tomorrow."

(1) 下線部①を次のように表すとき，(　　)に適切な語を書きなさい。 (完答5点)

Then leave him be (　　　　　) (　　　　　) (　　　　　).

(2) 下線部②の理由を日本語で答えなさい。 (8点)

(　　　　　　　　　　　　　　　　　　　　　　　　　　　　)

(3) ③，④の(　　)内の語を適する形にかえなさい。 (5点×2＝10点)

③ (　　　　　) ④ (　　　　　)

(4) 下線部⑤について，なぜライオンはこのようなことをしたのだと考えられますか。日本語で答えなさい。 (8点)

(　　　　　　　　　　　　　　　　　　　　　　　　　　　　)

(5) 次の質問に主語と動詞のある英文で答えなさい。 (8点×2＝16点)

(a) Why did Mr. McBee run to Miss Merriweather?

____

(b) What did the lion have to do if he wanted to come back for story hour?

____

Further Reading ②

まとめテスト　第2回

教科書 pp.113～118

目標時間	得点
30分	／100

1 リスニング　和也とエマの会話を聞き，内容に合うものには○を，合わないものには×を書きなさい。 (6点×3＝18点)

(1)　2人は先生に，できるだけ難しい本を読むように言われた。　(　　)

(2)　エマは読書があまり好きではない。　(　　)

(3)　和也とエマの学校ではマンガを読むことができる。　(　　)

2 語句　英語は日本語に，日本語は英語にしなさい。 (2点×4＝8点)

(1)　unless　(　　　　　)　　(2)　neighborhood　(　　　　　)

(3)　気づく　n _ _ _ _ e　　(4)　無視する　i _ _ _ _ e

3 適語補充　日本語に合う英文になるように，(　　)に適切な語を書きなさい。 (完答4点×3＝12点)

(1)　私も社会が好きではありません。

I (　　　　　) like social studies, (　　　　　).

(2)　ふりむくと，1人の少年が私のほうを見ているのがわかりました。

When I (　　　　　) (　　　　　), I found a boy was looking at me.

(3)　エミリーはわくわくした顔で私の部屋に飛び込んできました。

Emily (　　　　　) (　　　　　) my room with an excited face.

4 整序　日本語に合う英文になるように，(　　)内の語句を並べかえて全文を書きなさい。 (6点×3＝18点)

(1)　現実を直視することは大切です。

(in / it / important / right / reality / the eye / is / to / look).

____

(2)　私はあなたがその問題について知っておいた方がよいかもしれないと思いました。

I thought (about / you / know / might / to / the problem / like).

____

(3)　私たちに加わりたいのなら，できるだけ早く私にメールを送ってください。

If you want to join us, (me / as / send / as / can / soon / you / an email).

____

5 読解 次の英文を読んで，あとの問いに答えなさい。 〔計44点〕

（これまでのあらすじ：マクビーさんは，メリーウェザーさんのためにルールを破ったライオンをとがめました。）

The next day, things were back to normal. Almost. The lion did not come to the library that morning. He did not come the next day, either. Or the day after that.

"Can I do anything for you before I go, Miss Merriweather?" Mr. McBee asked her one evening. "No, thank you," said Miss Merriweather. Her voice was very quiet. Even for the library. Mr. McBee thought there probably was something he could do for Miss Merriweather, after all. He left the library. But he did not go home. ①He walked around the neighborhood. He looked under cars. He looked behind bushes. He looked in backyards and trash cans and tree houses. Finally, he circled all the way back to the library. The lion was sitting outside, looking in through the glass doors.

"Hello, Lion," said Mr. McBee. The lion did not turn around. "I thought you might like to know," said Mr. McBee, "that there's ②a new rule at the library. No roaring allowed, unless you have a very good reason — say, if you're trying to help a hurt friend, for example." The lion turned around. But Mr. McBee was already walking away.

The next day, Mr. McBee walked down the hall to Miss Merriweather's office. "What is it, Mr. McBee?" asked Miss Merriweather in her new, sad, quiet voice. "I thought you might like to know," said Mr. McBee, "that there's a lion. In the library."

Miss Merriweather jumped up from her chair and ran down the hall. Mr. McBee smiled. "No running!" he called after her. Miss Merriweather didn't listen.

Sometimes there was a good reason to break the rules. Even in the library.

(1) マクビーさんはなぜ下線部①のようなことをしたのですか。日本語で答えなさい。（8点）

( )

(2) 下線部②の内容を日本語で答えなさい。（8点）

( )

(3) 本文の内容に合うものには○を，合わないものには×を書きなさい。（7点×4＝28点）

(a) Miss Merriweather asked Mr. McBee to tell the lion to come back to the library. ( )

(b) When Mr. McBee found the lion, the lion was sitting in front of the glass doors of the library. ( )

(c) Miss Merriweather ran down the hall in the library to go to see the lion. ( )

(d) This story tells us that it is very important for us to break the rules. ( )

定期テスト予想問題4　第1回

PROGRAM 7 ～ Further Reading ②

教科書 pp.91 ～ 118

目標時間	得点
30分	／100

1 リスニング　次の各問いに答えなさい。

(1)　イラストを参考にしながら対話と応答を聞き，最も適切な応答を1つ選び，記号で答えなさい。（6点×2＝12点）

(a)

(　　　)

(b)

(　　　)

(2)　対話と質問を聞き，その答えとして最も適切なものを1つ選び，記号で答えなさい。（7点）

ア　She can't go to the museum.　イ　She is free next Sunday.

ウ　She doesn't like science.　エ　She wants to go to another place.

(　　　)

2 適語補充　日本語に合う英文になるように，(　　)に適切な語を書きなさい。ただし，(3)は指定された文字で始めること。（完答5点×3＝15点）

(1)　テーブルをきれいに掃除しなさい。

(　　　　　) (　　　　　) the table.

(2)　あなたは朝早起きすることに慣れるべきです。

You should (　　　　　) (　　　　　) (　　　　　) (　　　　　) up early in the morning.

(3)　あなたは率直に意見を述べるべきです。

You sould (s　　　　　) (o　　　　　).

3 会話文完成　次の会話について，(　　)に入れるのに最も適切なものを1つ選び，記号で答えなさい。（7点×2＝14点）

(1)　*Boy :* Math is one of the subjects I don't like.

Girl : Oh, really? (　　　　　) It is difficult for me.

ア　It's my favorite subject.　イ　You should study it.

ウ　I don't like it, either.　エ　Please tell me the reason.

(2)　*Girl :* If you are interested in this event, why don't you come with us? ➲P7 2

Boy : (　　　　　) I have to stay home for my sister.

ア　I was busy.　イ　I hope I can go with you.

ウ　I'm not interested in it.　エ　I wish I could join you.

4 **英語で表現** 次のイラストの状況において，梨沙(Risa)は心の中でどのようなことを思っていると考えられますか。8語以上の英文1文で書きなさい。ただし，wish を使うこと。 ➲P7 2 (8点)

5 **読解** 次の対話文を読んで，あとの問いに答えなさい。 〔計44点〕

Daniel: What are you searching for, Mom?
Helen: I want to buy a new vacuum cleaner but ①(one / to / cannot / which / buy / decide).
Daniel: If I were you, I would buy a robot vacuum cleaner.
Helen: ②That sounds good.
Daniel: By the way, how can it clean rooms of different shapes?
Helen: It has AI inside, so it remembers the maps of the rooms.
Daniel: Wow! AI is amazing!
Helen: Yes. AI can also keep your online shopping records and suggest what to buy next.
Daniel: But it makes you buy too much.

(1) 下線部①の意味が通るように(　　)内の語を並べかえなさい。 (4点)

____

(2) 下線部②の内容を日本語で答えなさい。 (5点)

(　　　　　　　　　　　　　　　　)

(3) ロボット掃除機がさまざまな形状の部屋を掃除することができるのはなぜですか。具体的に日本語で答えなさい。 (7点)

(　　　　　　　　　　　　　　　　)

(4) 本文の内容に合うものには○を，合わないものには×を書きなさい。 (7点×4＝28点)

(a) When Daniel talked to Helen, she was looking for a robot vacuum cleaner. (　　)

(b) Daniel told Helen why robot vacuum cleaners could clean rooms of different shapes. (　　)

(c) Daniel didn't know there was AI in robot vacuum cleaners. (　　)

(d) The problem about AI Daniel noticed is that we buy too many things because of it. (　　)

定期テスト予想問題4　第2回

PROGRAM 7 ～ Further Reading ②

教科書 pp.91 ～ 118

目標時間	得点
30分	／100

1 リスニング 次の各問いに答えなさい。

(1) イラストを参考にしながら対話と応答を聞き，最も適切な応答を1つ選び，記号で答えなさい。 (6点×2＝12点)

(a)

(　　　)

(b)

(　　　)

(2) 対話や英文と質問を聞き，その答えとして最も適切なものを1つ選び，記号で答えなさい。 (7点×2＝14点)

(a) ア Watch sports games.　イ Walk in the park.
ウ Enjoy playing sports.　エ Talk about sports.

(b) ア She saw a woman from the U.S.A.　イ She spoke to a man in English.
ウ She went to the station with a man.　エ She couldn't help the man.

(a) (　　　)　(b) (　　　)

2 適語補充 日本語に合う英文になるように，(　　)に適切な語を書きなさい。ただし，(3)は指定された文字で始めること。 (完答5点×3＝15点)

(1) 明日香はその役者に握手をしてくれるように頼みました。
Asuka asked the actor to (　　　) (　　　) (　　　) her.

(2) できるだけたくさんの本を読みなさい。
Read (　　　) (　　　) books (　　　) you (　　　).

(3) 私の腕時計をさがすのを手伝ってもらえませんか。
Can you help me (s　　　) (f　　　) my watch?

3 会話文完成 次の会話について，(　　)に入れるのに最も適切なものを1つ選び，記号で答えなさい。 (7点×2＝14点)

(1) *Girl* : I wish (　　　)　➲P7 2
Boy : Oh, why do you wish so?
Girl : Because I want to see my city from the sky.
ア I were a bird.　イ I went abroad.
ウ I had a bird.　エ I were you.

(2) *Girl* : I'm thinking about taking Emma to this zoo. What do you think?　➲P7 1
Boy : If I were Emma, (　　　) She likes animals very much.
ア I would be very happy and excited.　イ I would want to go on another day.
ウ I would not want to go with you.　エ I would not have a good time there.

4 **英語で表現** あなたは友だちのティム(Tim)に次のような質問をされました。あなたなら何と答えますか。英文１文で書きなさい。 ➲P7 **1**（8点）

If you had a *time machine, what would you do with it?

（注）time machine：タイムマシン

Tim

You

(　　　　　　　　　　　　　　　　　　　　　　　　　　　　　　　　　　　　　)

5 **読解** 図書館に来たライオンの物語を読んで，あとの問いに答えなさい。 〔計37点〕

One day, Miss Merriweather stepped up onto the step stool. A book was just out of reach. Miss Merriweather ①(　　)(　　) her (　　). She stretched out her fingers. "Almost ... there ..." she said. Then Miss Merriweather stretched a little too far. "Ouch," said Miss Merriweather softly. She did not get up.

"Mr. McBee!" she called after a minute. "Mr. McBee!" But he could not hear her. "Lion," said Miss Merriweather. "Please go and get Mr. McBee." The lion ran down the hall. "No running," Miss Merriweather called after him.

The lion put his big front paws up on the circulation desk and looked at Mr. McBee. "Go away, Lion," said Mr. McBee. "I'm busy." The lion whined. He pointed his nose down the hall toward Miss Merriweather's office. Mr. McBee ignored him.

Finally, the lion did ②<u>the only thing he could think of to do</u>. He looked Mr. McBee right in the eye. Then he opened his mouth very wide. And he roared the loudest roar in his life.

(1) 下線部①が「つま先立ちをした」という意味になるように，(　　)に適する語を書きなさい。 （完答5点）

(　　　　　)(　　　　　) her (　　　　　)

(2) 下線部②について，次の問いに答えなさい。 （8点×2＝16点）

(a) 下線部②とはどのような行動ですか。日本語で答えなさい。

(　　　　　　　　　　　　　　　　　　　　　　　　　　　　　)

(b) 下線部②のような行動をとった目的は何ですか。日本語で答えなさい。

(　　　　　　　　　　　　　　　　　　　　　　　　　　　　　)

(3) 次の質問に主語と動詞のある英文で答えなさい。 （8点×2＝16点）

(a) Why did Miss Merriweather use the step stool?

____

(b) What did Miss Merriweather ask the lion to do?

____

高校入試問題対策

目標時間	得点
50分	／100

1 リスニング 次の各問いに答えなさい。

(1) 対話を聞いて，その最後の発言に対する応答として最も適切なものを，それぞれ放送されるア～ウから１つ選び，記号で答えなさい。 (3点×2＝6点)

(a) (　　　　) (b) (　　　　)

(2) 対話や英文と質問を聞いて，その答えを表した絵として最も適切なものを，それぞれア～エから１つ選び，記号で答えなさい。 (3点×3＝9点)

(a) ア 
イ 
ウ 
エ 

(　　　　)

(b) ア 
イ 
ウ 
エ 

(　　　　)

(c) ア 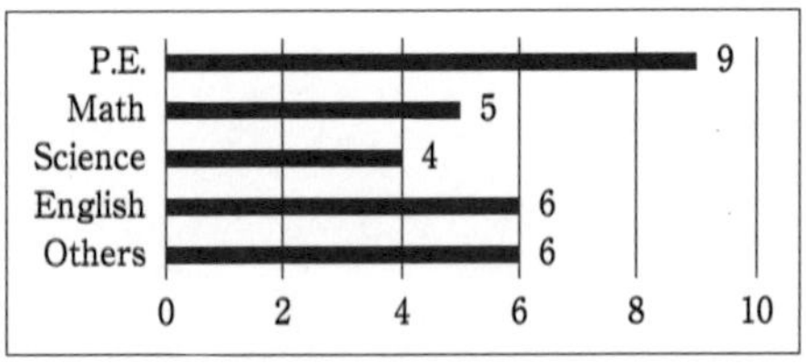

イ 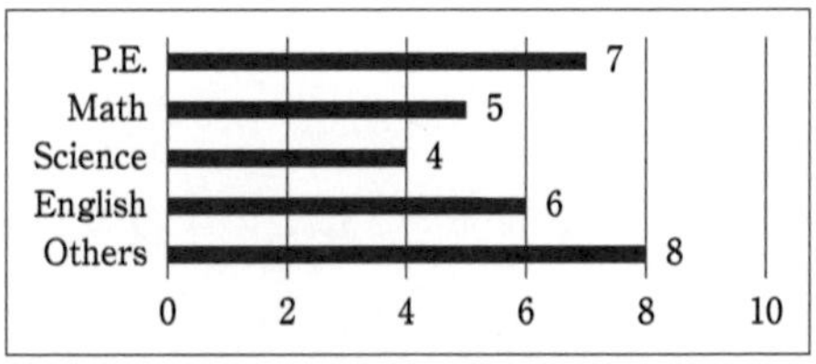

ウ 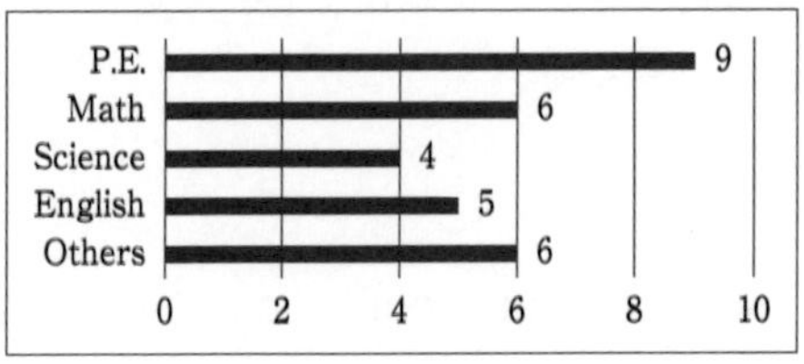

エ 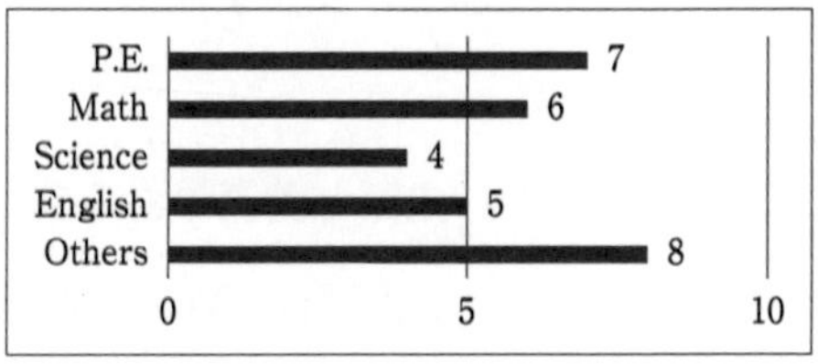

(　　　　)

(3) 英文とそれについての２つの質問を聞いて，その答えとして最も適切なものを，それぞれア～エから１つ選び，記号で答えなさい。 (3点×2＝6点)

(a) ア He got a computer.　イ He got a picture book.
ウ He got a notebook.　エ He got a camera.　(　　　)

(b) ア He will go to a mountain with his uncle.
イ He will give his uncle some pictures of birds.
ウ He will help birds living in a mountain.
エ He will draw a mountain for his uncle.　(　　　)

(4) エミリーから奈緒への留守番電話のメッセージを聞いて，その内容に合うようにメモを完成させるとき，空所に適切な日本語を書きなさい。ただし，同じ記号の空所には同じ言葉が入ります。 (3点×3＝9点)

・いっしょに(a)（　　　　　）に行くことができなくなった。→理由：今朝から(b)（　　　　　　　　）ので，家でいっしょにいてやりたい。
・明日，（ (a) ）についての(c)（　　　　　　　　）ほしい。

2 **適語選択** 次の文の(　　)に入る語句として最も適切なものを，それぞれア～エから１つ選び，記号で答えなさい。 (3点×3＝9点)

(1) One of my American friends (　　　) talking with my mother when I got home.
ア is　イ are　ウ was　エ were　(　　　)

(2) You (　　　) at your desk since this morning, so you should get rest for some time.
ア work　イ worked　ウ are working　エ have been working　(　　　)

(3) According to the news, the ring with a large ruby (　　　) in the man's bag was Ms. White's.
ア find　イ found　ウ was found　エ to find　(　　　)

3 **整序** 次の(　　　)内の語句を意味が通るように並べかえなさい。ただし，文頭に来るものは大文字で始めること。 (3点×2＝6点)

(1) My sisters (help / clean / told / their rooms / to / them / me).
My sisters ______________________________.

(2) A : (you / we / which / do / take / know / bus / should)?
B : No, I'll check on the Internet.
______________________________?

4 **読解** 次の対話文を読んで，あとの問いに答えなさい。なお，下の表(chart)は，ケイト(Kate)と翔太(Shota)が見ているものである。 〔計25点〕

3 − C 将来就きたい職業アンケート結果

職業	男子（人）	女子（人）	合計（人）
ア	4	2	6
イ	5	3	8
ウ	2	1	3
エ	1	0	1
オ	2	6	8
カ	1	3	4
その他	2	1	3

※１人につき１回答。欠席者無し。

Kate: Hello, Shota. What are you looking at?

Shota: Oh, hi, Kate. I'm looking at a chart about our future jobs. Last Monday, Mr. Brown asked us in the English *class, "What do you want to be in the future?" and we wrote answers to the question. This chart shows the result.

Kate: What do you want to be in the future?

Shota: I want to be a soccer player. When I was three years old, my father took me to a stadium to watch a soccer game. Then, I had a chance to talk with one of the professional players. He told me many things about his experience as a soccer player. ①That made me interested in becoming a soccer player in the future. I have practiced soccer every day since that day.

Kate: I see. Five other students also have the same dream.

Shota: Yes. I'm surprised about that. "A doctor" is as popular as "a teacher."

Kate: Oh, "a doctor" is the most popular among boys, and "a teacher" is the most popular among girls. There are some other kinds of answers, too. That's interesting.

Shota: Do you have any dreams for the future?

Kate: Yes, I want to work as a nurse. One boy and three girls in your *class have the same dream.

Shota: Can I ask you the reason?

Kate: Sure. When I was an elementary school student, I got sick and had to stay in the hospital for a month. My father was usually too busy to come to see me, and my mother also had to *take care of my brother at home. At that time, he was only three months old. I couldn't stay with them for a long time at the hospital. But I didn't feel so lonely, because one of the nurses working at the hospital often visited me.

Shota: Oh, really? What did the nurse do for you?

Kate: For example, she played *cards with me. Also, before sleeping, she read a picture book to me. It was about a mouse which tried to cook delicious food in the kitchen. The story was so nice that I still remember it. When I left the hospital, I thought, "I want to make sick children happy like her," and decided to become a nurse.

Shota: I see. The time you had with the nurse has influenced you a lot.

Kate: That's right.

（注）class 学級，クラス　take care of ～ ～の世話をする　cards トランプ遊び

(1) 下線部①の内容を日本語で答えなさい。 (4点)

(　　　　　　　　　　　　　　　　　　　　　　　　　　　　)

(2) 次の職業名が入る場所を，表中のア～カから１つずつ選び，記号で答えなさい。

(3点×4＝12点)

(a) 医者 (　　　) (b) 看護師 (　　　)

(c) サッカー選手 (　　　) (d) 教員 (　　　)

(3) 本文や表の内容に合っているものを，ア～カから３つ選び，記号で答えなさい。なお，解答の順序は問いません。 (3点×3＝9点)

ア Mr. Brown asked students including Shota and Kate about their dreams in his English class.

イ Shota has liked soccer very much since he learned how to play it from a professional player.

ウ The experience at a stadium has made Shota have a dream of becoming a soccer player.

エ Kate didn't have much time with her parents at the hospital, but that didn't made her feel very lonely.

オ The nurse Kate met when she was three months old influenced Kate a lot.

カ The chart shows the answers which Mr. Brown got from thirty-three students in the class.

(　　　) (　　　) (　　　)

5 **英語で表現** あなたはアメリカに住む友だちから次のような質問をされました。あなたなら何と答えるか，理由も含めて15語以上の英語で書きなさい。 (5点)

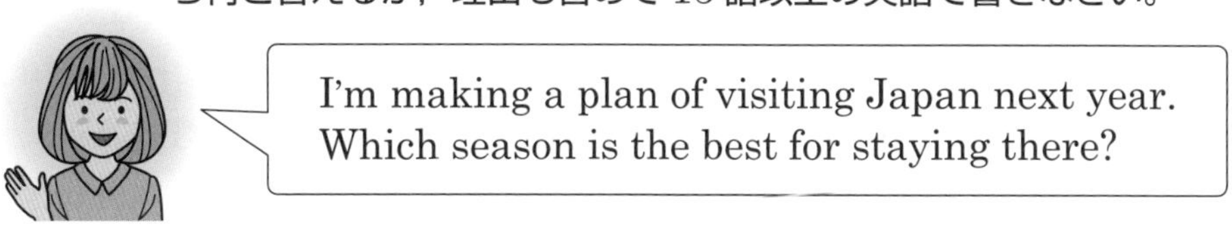

6 **読解** 次の英文を読んで，あとの問いに答えなさい。〔計25点〕

Hi, I'm Takashi. I'm a *high school student in Japan. I have a grandmother in a small town. She is seventy years old and a very active woman. She opened her own ryokan, a *Japanese-style *inn, about forty years ago, and she has worked there since that time. It was a very old but nice ryokan, and I like it very much. Every summer, I visit her in the ryokan, but that's not for staying there. I work with her and other workers. Some jobs at the ryokan are difficult for me, but I enjoy working there. I can have chances to talk with *guests staying in the ryokan through the work. It's very interesting for me to talk with them, especially about their trips. I want to work with my grandmother to make her ryokan better in the future.

Last summer, I visited the ryokan again. Then, I found my grandmother reading something at a desk. I asked her, "What are you doing?" Then, she said ①a *surprising thing. She showed me a piece of paper and said, "Look. This is a *graph showing the number of guests. According to this graph, it has been getting smaller. If this situation *continues, I will have to close this ryokan." 【 A 】 I like her ryokan very much, so I was sad about her words. At the same time, I started to think about doing something for the ryokan.

First, I studied about where travelers stayed during their trips. Then, I found that there were some other good ryokans which had the same problem. 【 B 】 Also, I learned that ②many travelers today liked to stay at a hotel better than at a ryokan. Why don't travelers come to those nice ryokans? I studied about that and found two big reasons. One of the reasons is that Japanese people's life is *westernized. 【 C 】 For example, many Japanese people like to sit on a chair or sofa instead of *tatami*. Also, they like to use beds when they sleep, instead of *futon* put on the floor. These things made many people like to stay at hotels better.

The other reason is that the ryokans with the problem including my grandmother's are known *mainly to local people. 【 D 】 When people make a plan for a trip, they use the Internet, *guidebooks, and so on. They give people a lot of information about hotels and ryokans which are visited by many people from around Japan, with a lot of beautiful pictures. So many travelers decide to stay at such hotels or ryokans.

③What should the local ryokans including my grandmother's do to solve the problem? I thought about that and found two *possible solutions. First, starting a service of lending beds and chairs will be good for the guests. 【 E 】 *As I said, many people have *western-style life at home, so the service will help them have a good stay. Second, it will be good for them to put a lot of information about their ryokans on the Internet. Then, not only Japanese people but also foreign people will be interested in them, because staying ryokans helps them learn about the culture of this country.

(注) high school　高校　　～-style　～式の　　inn　宿　　guest　宿泊客　　surprising　驚くべき
graph　グラフ　　continue　続く　　westernized　西洋化した　　mainly　主に
guidebook　ガイドブック　　possible　可能性のある　　as　～のように　　western　西洋の

(1) 次の文が本文の内容と合うものになるようにするとき，(　　)に入る適切な表現をア～エから1つ選び，記号で答えなさい。 (3点×2＝6点)

(a) Takashi visits his grandmother's ryokan every summer (　　　).

ア　to have a good time there as a guest

イ　to become friends with the travelers

ウ　to help people who work there

エ　to learn what working is like

(b) Takashi says staying at ryokans (　　　).

ア　makes travelers have unusual experience

イ　is more exciting and interesting than staying at hotels

ウ　is becoming more popular among foreign people

エ　gives foreign people chances to learn about Japanese culture

(2) 下線部①の内容を40字以上45字以下の日本語で答えなさい。なお，句読点も1字と数えます。 (4点)

	40					45												

(3) 次の1文を入れるのに最も適切な場所を，本文中のA～Eから1つ選び，記号で答えなさい。

That means many people in other places don't have the information about them. (3点)

(　　　)

(4) 下線部②の理由について，高志(Takashi)は何と説明していますか。日本語で答えなさい。 (4点)

(　　　　　　　　　　　　　　　　　　　　　　　　　　　　)

(5) 下線部③について，高志はどのようなことを考えつきましたか。本文中から2つさがし，日本語で答えなさい。なお，解答の順序は問いません。 (4点×2＝8点)

・(　　　　　　　　　　　　　　　　　　　　　　　　　　　)

・(　　　　　　　　　　　　　　　　　　　　　　　　　　　)

解答・解説

PROGRAM 1 Word Web ① / Steps 1

● Check pp. 4 ～ 5

1 (1) asked, to make (2) told us to close
(3) want you to come

2 (1) to find (2) Is it, for you
(3) isn't bad to
(4) wasn't, for, to understand

3 (1) am glad[happy] that
(2) are surprised that
(3) are afraid he
(4) I'm sure you

解説

1(1)「～に…するように頼む」は〈ask ～ to ...〉の形で表す。
(2)「～に…するように言う」は〈tell ～ to ...〉の形で表す。
(3)「～に…してほしいと思う」は〈want ～ to ...〉の形で表す。

2(1)「…するのは～である」は〈It is ～ to ....〉の形で表す。
(2)「…するのは～ですか」は〈It is ～ to ....〉を疑問文の形で表す。「～にとって」は〈for＋人〉の形で表し，〈to ...〉の前に置く。
(3)「…するのは～ではありません」は〈It is ～ to ....〉を否定文にした形で表す。
(4)「…するのは～ではありません」は〈It is ～ to ....〉を否定文にした形で表す。過去の文なのでbe動詞を過去形にする。

3(1)「～してくれてうれしい」は〈be glad [happy] that 主語＋動詞～〉の形で表す。
(2)「～ということに驚いている」は〈be surprised that＋主語＋動詞～〉の形で表す。
(3)「～しないか心配だ」は〈be afraid that＋主語＋動詞～〉の形で表す。このthatは省略できる。
(4)「～と確信している」は〈be sure that＋主語＋動詞～〉の形で表す。このthatは省略できる。

まとめテスト●第1回 pp. 6 ～ 7

1 (1) エ (2) ア

2 (1) パン (2) ホッチキス (3) 配達する
(4) service (5) develop (6) different

3 (1) For example (2) take a shower
(3) more than

4 (1) told, to be (2) glad that
(3) It's, to swim

5 (1) It is very important to have good friends.
(2) I'm excited that I can go to the zoo with you.
(3) Could you tell him to visit my house at noon?

6 (1) (例) I want you to play the piano.
(2) (例) I'm[I am] surprised that you can speak English very well.

7 (1) Let's eat lunch.
(2) キャラ弁の材料としてニンジンを使うという方法。
(3)(a) ○ (b) ×

台本

1(1) Girl : Can I ask you to lend me your eraser? ／ Boy : Sure. Here you are.
(2) Boy : Is it easy for you to play the guitar? ／ Girl : Yes, it is.

《和訳》(1)女の子「あなたの消しゴムを私に貸してくれるように，あなたに頼んでもいいですか」 男の子「もちろん。はい，どうぞ」
(2) 男の子「あなたにとってギターをひくことはかんたんですか」 女の子「はい，かんたんです」

解説

3(1)「たとえば」はfor example。
(2)「シャワーを浴びる」はtake a shower。
(3)「～以上」はmore than ～。

4(1)「その先生は自分の生徒たちに『静かにしなければなりません』と言いました」→「そ

の先生は自分の生徒たちに静かにするように言いました」

(2)「あなたは今ここにいます。私はそのことについてうれしく思ってます」→「あなたが今ここにいることがうれしいです」

(3)「あの川で泳ぐことは子どもたちには危険です」

5(1)「…することは～です。」を〈It is ～ to ....〉の形で表す。

(2)〈be excited that＋主語＋動詞～〉で「わくわくしている」という感情の理由を表す。

(3)「～に…するように言う」は〈tell ～ to ...〉の形で表す。「～していただけませんか。」は Could you ～?。

6(1)「～に…してほしいと思う」という意味の〈want ～ to ...〉を使う。

(2)〈be surprised that＋主語＋動詞～〉で「驚いている」という感情の理由を表す。

7(1) 直前の真央の発言参照。word は単語や，短い発言を意味する名詞。

(2) 直前までの真央とビルの会話の内容を参照。下線部の直前の them は carrots を指している。

(3)(a)「真央のお母さんが真央とビルの昼食に弁当を作りました」真央の３つ目の発言参照。

(b)「真央は自分のキャラ弁はとてもかわいくて色彩に富んでいると言っています」ビルの３つ目の発言参照。

まとめテスト●第２回　pp. 8 ～ 9

1 (1) ひいてくれない　(2) 難しい

2 (1) すばらしい，すてきな

(2) 独自の　(3) (時間を)過ごす

(4) brush　(5) noon　(6) available

3 (1) wait for　(2) in this way

(3) as

4 (1) Is it fun for you to read comics?

(2) My mother told me to wash my hands.

(3) We are sure he will come.

5 (1) It wasn't[was not] interesting for me to study math.

(2) I was very happy that Tom came to my house.

6 (1) (例) It's[It is] important for us to learn[study] English.

(2) (例) Can I ask you to go to the station with me?

7 (1) variety of

(2)(a) カラフル　(b) 栄養バランスのとれた

(3) 家から学校や職場に熱い弁当を失敗することなく[確実に]配達してくれるサービス。

(4) 異なる見た目や味の弁当を見つけること。

台本

1(1) Girl：Akira, Asuka can play the piano well, right?／Akira：Yes, but I'm afraid she won't play it at the party.

(2) Girl：Akira, how is this book?／Akira：It's difficult for me to understand its story.

《和訳》 1(1)女の子「明，明日香はじょうずにピアノをひくことができますよね」 明「はい，しかし残念ながら彼女はパーティーでそれをひいてくれないでしょう」

(2) 女の子「明，この本はどうですか」 明「私にとってその話を理解するのは難しいです」

解説

3(1)「～を待つ」は wait for ～。

(2)「このようにして」は in this way。

(3)「例えば～など」は such as ～。

4(1)〈It is ～ (for＋人) to ....〉の疑問文で表す。

(2)「～に…するように言う」は〈tell ～ to ...〉。

(3)「～と確信している」は〈be 動詞＋sure (that)＋主語＋動詞～〉。

5(1)「数学を勉強することは私にとっておもしろくありませんでした」

(2)「私はトムが私の家に来てくれてとてもうれしかったです」という文にする。〈that＋主語＋動詞～〉で理由を表す。

6(1)「私たちには英語を学ぶことが大切です」

という文にする。

(2)「あなたに私といっしょにその駅に行ってくれるように頼んでもよいですか」という文にする。「～してもよいですか」は Can I ～?,「～に…するように頼む」は〈ask ～ to ...〉。

7 (1)「さまざまな」は a variety of。

(2) 第1段落2文目参照。

(3) 下線部の直後の文参照。

(4) 最終段落参照。

PROGRAM 2

● Check　pp. 10 ～ 11

1 (1) what time I saw
(2) who, the party
(3) how sleep affects[influences]
(4) how long
(5) what he will do

2 (1) why you want
(2) where I[we] should visit

3 (1) tell us that
(2) showed us that, were
(3) tell him I

解説

1 (1)「何時に～か」は〈what time＋主語＋動詞〉の形で表す。

(2)「だれが～か」は疑問詞が主語の疑問文で表される内容なので,〈who＋動詞〉の形で表す。

(3)「どのように～か」は〈how＋主語＋動詞〉の形で表す。現在の内容であり，疑問詞のあとの主語が三人称・単数の場合は，続く動詞が三人称・単数・現在形になる。

(4)「どのくらい長く～か」は〈how long＋主語＋動詞〉の形で表す。「どのくらい長く～しているのか」は継続を表す現在完了を使って表す。

(5)「何を～か」は〈what＋主語＋動詞〉の形で表す。「～しようと思っている」は助動詞 will を使って表すので,〈動詞〉の部分が〈will＋動詞の原形〉になる。

2 (1)「なぜ～か」は〈why＋主語＋動詞〉の形で表す。

(2)「どこに～か」は〈where＋主語＋動詞〉の形で表す。「～すべき」は助動詞 should を使って表すので,〈動詞〉の部分が〈should＋動詞の原形〉になる。

3 (1)「(人)に(もの)を教える」は〈tell＋人＋もの〉の語順で表す。〈もの〉の部分に「人々は～できるということ」という内容を〈that＋主語(＋助動詞)＋動詞～〉の形で入れる。

(2)「(人)に(もの)を示す」は〈show＋人＋もの〉の語順で表す。〈もの〉の部分に「私たちの考えが間違っていること」という内容を〈that＋主語＋動詞～〉の形で入れる。that 以降の内容が「間違っていること」と現在形の表記になっているが，文の動詞が「示していました」と過去形になっているので，that 以降の動詞も過去形にする。

(3)「(人)に(もの)を伝える」は〈tell＋人＋もの〉の語順で表す。〈もの〉の部分に「私は～できない(ということ)」という内容を〈that＋主語(＋助動詞)＋動詞～〉の形で入れる。空所の数から that は省略する。

まとめテスト●第1回　pp. 12 ～ 13

1 (1) ○　(2) ○　(3) ×

2 (1) 脳　(2) 竹　(3) 改善する，向上させる
(4) energy　(5) sign　(6) bright

3 (1) As a result　(2) full of
(3) even though

4 (1) where Hana lives
(2) told, that, wanted
(3) what I should[must] do

5 (1) why she didn't[did not] come
(2) showed them (that) I
(3) who took the[that] picture

6 (1) (例) Please tell Mr. Oka that I can't go to school tomorrow.
(2) (例) Do you know what is in that box?

7 (1) 昨夜4時間しか眠らなかったから。
(2) 1日に最低6時間は眠るべきだという見解。
(3)(a) ○ (b) × (c) ○

台本

1 Kevin : Hi, this is Kevin. We are going to see a movie next weekend, right? I know it will start at ten and we will meet in front of Asahi Station, but I can't remember what time we will meet there. Can you call me back?

《和訳》ケビン「こんにちは，こちらはケビンです。私たちは来週末，映画を見に行く予定ですよね。私はそれが10時に始まることと，私たちが朝日駅前で会うことはわかっているのですが，私たちが何時にそこで会うかを思い出すことができません。折り返し電話をしてもらえますか」

解説

3(1)「その結果として」は as a result。
(2)「～でいっぱいである」は be full of ～。
(3)「～にもかかわらず」は even though ～。

4(1)「ハナはどこに住んでいるのですか。知っていますか」≒「ハナがどこに住んでいるのか知っていますか」Hana が三人称・単数なので，lives とすることに注意。
(2)「拓也は私に，『私は海に行きたいです』と言いました」≒「拓也は私に，海に行きたいと言いました」
(3)「私に次に何をすべきか教えていただけませんか」≒「私に，次に私が何をすべきか教えていただけませんか」

5(1)「なぜ～か」は〈why＋主語＋動詞〉の形で表す。
(2)「(人)に(もの)を示す」は〈show＋人＋もの〉の語順で表す。〈もの〉の部分に，「私が～ということ」の内容を〈that＋主語＋動詞〉の形で表して入れる。that は省略してもよい。
(3)「だれが～か」は疑問詞が主語の疑問文で表される内容なので，〈who＋動詞〉の形で表す。

6(1)〈tell＋人＋もの〉「(人)に(もの)を伝える」の〈もの〉の部分に，「(私が)明日は学校に行けない(ということ)」という内容を表す〈that＋主語(＋助動詞)＋動詞〉を入れる。
(2)「あの箱に何が入っているか」＝「あの箱の中に何があるか」は，疑問詞 what が主語の疑問文で表される内容と考え，〈what＋動詞〉の形で表す。

7(1) 直後の健の発言参照。
(2) ミラー先生の3つ目の発言参照。
(3)(a)「ミラー先生は多くの日本人が睡眠不足を抱えていると考えています」ミラー先生の2つ目の発言参照。
(b)「ミラー先生は，自分の国の人々がたいていどのくらい眠るのかを知っています」健の2つ目の発言と，それに対するミラー先生の応答参照。
(c)「ミラー先生は，健が睡眠不足を補うことができるだろうとは思っていません」ミラー先生の最後の発言参照。

まとめテスト●第2回 pp. 14～15

1 (1) ア (2) エ

2 (1) 体 (2) 影響を及ぼす (3) 横断する
(4) minute (5) lose (6) tonight

3 (1) no idea (2) fall asleep
(3) make up for

4 (1) Do you know who told you the story?
(2) This book will show you there are different ideas.
(3) Have you decided what time you will leave home yet?

5 (1) He told us that he couldn't play the guitar.
(2) Do you know what kind of music she likes?

6 (1) (例) That[The] experience taught me (that) English was useful.
(2) (例) Can you tell me where you are

from?

7 (1) 脳が夜を昼間と信じてしまう。
(2) As a result
(3) 寝る前に長時間スマートフォンを使う習慣。
(4)(a) ×　(b) ○　(c) ×

台本

1 (1) Boy : Can I ask you where the restroom is? ／ Woman : Yes. It's over there.
(2) Boy : This sign shows you that you must take off your shoes.
《和訳》(1)男の子「あなたにお手洗いはどこかお聞きしてもいいですか」 女性「はい。それは向こうです」
(2) 男の子「この表示はくつをぬがなければならないことを示しています」

解説

3 (1)「わからない」は have no idea。
(2)「眠りに落ちる」は fall asleep。
(3)「～を補う」は make up for ～。

4 (1)「だれが～か」は疑問詞が主語の疑問文で表される内容なので，〈who＋動詞〉の形で表す。
(2)〈show＋人＋もの〉「(人)に(もの)を示す」の〈もの〉に,「違った考えがあるということ」という内容を入れる。「～がある」は there is[are] ～で表す。
(3)「もう～しましたか」は現在完了の疑問文で表す。「何時に～するか」は〈what time＋主語(＋助動詞)＋動詞〉の形で表す。

5 (1)「『私はギターをひくことができません』と彼は私たちに言いました」→「彼は私たちに，ギターがひけないと言いました」
(2)「彼女はどんな種類の音楽が好きですか。知っていますか」→「あなたは彼女がどんな種類の音楽が好きか知っていますか」

6 (1)〈taught＋人＋もの〉「(人)に(もの)を教えてくれた」の〈もの〉の部分に，「英語が役に立つ(ということ)」という内容を〈(that＋)主語＋動詞の過去形〉の形で入れる。
(2)「あなたはどこの出身か，私に教えてくれますか」などの文にする。

7 (1) 第1段落2文目参照。
(2)「その結果として」は as a result。
(3) 第1段落1文目参照。
(4)(a)「あなたにとって，寝る前にスマートフォンを使うことはよいことです」第1段落参照。
(b)「昼寝のための時間を労働者に与え始めた会社もあります」第2段落2文目参照。
(c)「午後により長く眠れば，そのあとによりよく働くことができます」第2段落最終文参照。眠りすぎるのはよくない。

Power-Up 1

● Check　pp. 16 ～ 17

1 (1) tell, how to　(2) Change trains
(3) Take, to　(4) tell me how to get to
(5) change trains there　(6) Take, to

2 (1) Which line, take, Take
(2) Which line should, take, Take

3 (1) It'll take[It takes], from
(2) It'll take[It takes], hour to
(3) How long will[does] it take from, to

解説

1 (1)(4)「～への行き方を教えていただけませんか」は Could you tell me how to get to ～? で表す。
(2)(5)「電車を乗りかえる」は change trains で表す。trains と複数形にすることに注意。
(3)(6)「～線に乗って…駅まで行く」は「…駅まで～線に乗る」と考え，take the ～ Line to ... Station で表す。

2 (1)(2)「～でどの線に乗ればよいですか」は Which line should I take at[in] ～? で表す。

3 (1)(2) 所要時間を答えるときは，It'll take ～. または It takes ～. の文を使う。「～から」と始点とともに伝える場合は from ～,「～まで」と到達点とともに伝える場合は to ～を文末に置く。
(3)「～から…までどのくらいの時間がかかりますか」は How long will[does] it take

from ～ to ...? で表す。

まとめテスト　pp. 18 ～ 19

1　目的地：カ　所要時間：約 15 分

2　(1) 旅行者　(2) 変える　(3) 線，列，行列
(4) airport　(5) minute　(6) should

3　(1) Excuse me　(2) Take care
(3) get to

4　(1) Which line should I take at Takada Station?
(2) Could you tell me how to get to the post office?

5　(1) Tell me how to get to the supermarket.
(2) How long does it take from Aoba to Izumi?

6　(1) Could you tell me how to get to Asuka Station?
(2) Which line should I take?
(3) It will take an[one] hour to Hommachi Station.

7　(1) change trains
(2) Kaizuka Station
(3)(a) She wants to go to Fukuoka Airport.
(b) I[We] will get there at four twenty.

台本

1　Woman : Excuse me. Could you tell me how to get to Wakaba Station? ／ Boy : Sure. Go to Chuo Station and change trains there. ／ Woman : Which line should I take there? ／ Boy : Take Kida Line. Wakaba is the second station from Chuo. It'll take about 15 minutes from here.
《和訳》女性「すみません。若葉駅への行き方を教えてくださいませんか」 男の子「もちろんです。中央駅に行ってそこで乗りかえます」 女性「そこでどの線に乗ればいいですか」 男の子「黄田線に乗ってください。若葉は中央から２つ目の駅です。ここから15 分くらいかかります」

解説

3(1)「失礼ですが，～。」は Excuse me, ～.。
(2)「気をつける」は take care。
(3)「～に着く」は get to ～。

4(1)「～でどの線に乗ればよいですか」は Which line should I take at[in] ～? で表す。
(2)「～への行き方を教えていただけませんか」は Could you tell me how to get to ～? で表す。「郵便局」は post office。

5(1)「そのスーパーマーケットまでの道を教えてください」→「そのスーパーマーケットへの行き方を教えてください」
(2)「アオバからイズミまで，約 30 分かかります」→「アオバからイズミまで，どのくらいの時間がかかりますか」

6(1) could を使うので，「飛鳥駅への行き方を教えていただけませんか」という文にする。
(2)「どの線に乗ればよいですか」という文にする。
(3)「本町駅までは 1 時間かかります」という文にする。

7(1)「電車を乗りかえる」は change trains。
(2) here「ここ」と言っているので，現在地を答えると考えられる。洋二の最初の発言参照。
(3)(a)「旅行者はどこに行きたがっていますか」という質問。旅行者の最初の発言参照。
(b)「3 時 50 分に貝塚駅で電車に乗れば，福岡空港に何時に着くでしょうか」という質問。旅行者の最初の発言と，洋二の最初と最後の発言参照。

定期テスト予想問題 1 ●第 1 回　pp. 20 ～ 21

1　(1)(a) ア　(b) イ　(2) イ

2　(1) fall asleep　(2) wait for
(3) even though

3　(1) ウ　(2) イ

4　(例)・Go to Chuo Station[Take the Nagao Line to Chuo Station] and change trains there.

· After that, take the Wada Line to Aoba Station.

5 (1) 神戸牛や広島のカキのような地元の食材が入っている点。

(2) I've heard there are more than 2,000 kinds of *ekibens* in Japan.

(3) 旅行でお気に入りの駅弁を見つけるのは楽しいです。

(4) He wants to travel around Japan by train and try many *ekibens*.

(5)(a) ○　(b) ×

台本

1 (1)(a) Boy : You speak Chinese very well. ／ Girl : Thank you, Jim. ／ Boy : I study Chinese, but it's hard for me to learn it. // Girl : ア　I'm sure this book will help you. ／イ　Really? Please teach me Chinese. ／ウ　Why don't you study Chinese then?

(b) Girl : I hear you are going to join an event about Japan. ／ Boy : Yes. Would you like to come with me? ／ Girl : Sure. Could you tell me when it is? // Boy : ア　At the park near our school. ／イ　On the third Sunday of this month. ／ウ　By some people in this city.

(2) Boy : I'm going to practice tennis in the park in the afternoon. My mother tells me to clean my room before that, so I'll finish it soon. ／ Question : What will the boy do before going to the park?

《和訳》 (1)(a)男の子「あなたはとてもじょうずに中国語を話しますね」 女の子「ありがとう，ジム」 男の子「ぼくは中国語を勉強していますが，ぼくにとってそれを学ぶことは難しいです」 女の子　ア「きっとこの本があなたを助けるはずです」 イ「本当ですか。私に中国語を教えてください」 ウ「それなら，中国語を学んではどうですか」

(b) 女の子「あなたが日本に関する行事に参加する予定だと聞いています」 男の子「はい。ぼくといっしょに来たいですか」 女の子「もちろん。それがいつのなのか教えてもらえませんか」 男の子　ア「ぼくたちの学校の近くの公園です」 イ「今月の第３日曜日です」 ウ「この市の何人かの人々によってです」

(2) 男の子「ぼくは午後に公園でテニスを練習するつもりです。ぼくの母がぼくに，その前にぼくの部屋を掃除するように言ったので，ぼくはすぐにそれを終えるつもりです」
質問「男の子は公園へ行く前に何をするつもりですか」

解説

2 (1)「眠りに落ちる」は fall asleep。

(2)「～を待つ」は wait for ～。

(3)「～にもかかわらず」は even though ～。

3 (1) 直後で女の子が「彼はサッカーが好きで，彼のボールは古いと聞いています」と言っていることに注目。ウ「私は何のプレゼントをマークにあげればよいか」を入れると，マークへのプレゼントに何がよいのか悩んでいる男の子に，女の子がサッカーボールがよいのではないかとほのめかすという流れとなり，会話が成り立つ。

(2) 会話の内容から，女の子の弟[兄]がスピーチの直前になって非常に不安がっている様子であることがわかる。but「しかし」でつながっているので反対の意味として「彼は最善をつくすことができると確認しています」が適切。

4 会話の内容から，現在地である朝日駅から，男性の目的地である青葉駅までの行き方を説明すればよいとわかる。

5 (1) 真央の３つ目の発言参照。

(2) I've(＝I have の短縮形)があるので，現在完了形の文。よって，あとには過去分詞と考えられる heard を続け，heard の目的語となる部分を並べる。there is[are] ～で「～がある」，more than ～で「～以上」という意味。

(3) 〈It's[It is] ～ to ....〉「…するのは～である」の文。

(4)「ビルはいつか何をしたいと思っています

か」ビルの最後の発言参照。

(5)(a)「真央と話す前，ビルは駅弁について知りませんでした」最初の２人のやりとり参照。

(b)「真央はビルに旅行中にたくさんの駅弁を楽しむことができるということを伝えました」ビルの最後の発言参照。真央が伝えたことではなく，ビル本人が気づいたことである。

定期テスト予想問題１●第２回 pp. 22 ～ 23

1 (1)(a) ウ (b) ア (2) イ

2 (1) In this way (2) at least
(3) as a result

3 (1) イ (2) ウ

4 (例) It tells us that we must take off our shoes before entering the gym.

5 (1) 十分に長く眠ったにもかかわらず，疲れを感じたことがあるということ。
(2) Please tell me what I should do.
(3) 寝る 90 分前に風呂に入ること。
(4)(a) I should take a bath at eight thirty.
(b) It will be just right when we sleep.

台本

1 (1)(a) Girl : Are you free this afternoon? ／Man : Yes, I don't have anything to do. ／ Girl : Can I ask you to take me to this store? // Man : ア Sure, I'll teach you. ／イ Sure, here you are. ／ウ Sure, let's go together.

(b) Boy : Wow, this cake looks delicious. ／ Girl : Do you know who made this cake? ／ Boy : I have no idea. // Girl : ア I made it alone. ／イ I'll buy it tomorrow. ／ウ I ate it with my brother.

(2) Boy : Eri, this homework is difficult for me. Could you help me? ／ Girl : I'm sorry, I can't. But I think Takuya will help you. ／ Boy : Do you know where he is? ／ Girl : He is in front of the gym. ／ Question : What will the boy do next?

《和訳》 (1)(a)女の子「あなたは今日の午後，ひまですか」 男性「はい，ぼくは何もすることがありません」 女の子「私をこの店に連れて行ってくれるように，あなたに頼んでもいいですか」 男性 **ア**「もちろん，私はあなたに教えましょう」 **イ**「もちろん，はい，どうぞ」 **ウ**「もちろん，いっしょに行きましょう」

(b) 男の子「わあ，このケーキはおいしそうに見えます」 女の子「あなたはだれがこのケーキを作ったか知っていますか」 男の子「わかりません」 女の子 **ア**「私がひとりでそれを作りました」 **イ**「私は明日それを買うでしょう」 **ウ**「私は私の弟[兄]といっしょにそれを食べました」

(2) 男の子「絵里，この宿題はぼくには難しいです。ぼくを手伝ってもらえませんか」 女の子「すみません，できません。しかし卓也はあなたを手伝ってくれると思います」 男の子「あなたは彼がどこにいるか知っていますか」 女の子「彼は体育館の前にいます」
質問「男の子は次に何をするでしょうか」

解説

2 (1)「このようにして」は in this way。
(2)「少なくとも」は at least。
(3)「その結果として」は as a result。

3 (1) 母親が「じゃあ私たちの分だけステーキが必要ですね」と言っているので，女の子の父親は女の子に，夕食がいらないということを伝えたと考えられる。よって，**イ**「家では夕食をとらないつもり」を入れると会話が成り立つ。

(2) 男の子が直後で「だからそうするために役に立つ情報をさがしています」と言っていることに注目。**ウ**「デイビス先生が私たちにこの市について学ぶように言ったのです」を入れると会話が成り立つ。

4 女の子は「体育館土足厳禁」の看板について，それが何を伝えているのかを尋ねている。It tells us that ～「～ということを伝えています」などを使って答える。

5 (1) ミラー先生の最初の発言参照。

(2) 肯定文であるのに what があることから，〈what＋主語＋動詞〉の形を使うとわかる。直後でミラー先生は「すべきこと」を答えていることから，健は「どうか私に何をすればよいのか教えてください」と言ったと考えられる。

(3) ミラー先生の3つ目の発言参照。

(4)(a)「夜の10時に寝るとすれば，何時に風呂に入るべきでしょうか」ミラー先生の3つ目の発言参照。

(b)「ねる90分前に風呂に入ったあと，体温にどのようなことが起こりますか」ミラー先生の3つ目の発言参照。

PROGRAM 3 Steps 2 / Our Project ⑦

● Check pp. 24 ～ 25

1 (1) named the dog
(2) What, call

2 (1) made, famous
(2) keeps you warm

3 (1) made me laugh (2) let him go
(3) help me carry (4) will make you feel
(5) Let me
(6) Who helped her make[cook]

1 (1)「～を…と名づける」は〈主語＋name＋～(人など)＋…(名詞)〉の形で表す。

(2)〈主語＋call＋～(人など)＋…(名詞)〉の〈…(名詞)〉の部分を尋ねる疑問文。疑問詞は what を使う。

2 (1)「このレポートがそのスポーツを有名にした」と考え，〈主語＋make＋～(人など)＋…(形容詞)〉の形を使う。

(2)「このコートがあなたを暖かい状態にしておいてくれる」と考え，〈主語＋keep＋～(人など)＋…(形容詞)〉の形を使う。

3 (1)「そのマンガ本が私をたくさん笑わせた」と考え，〈主語＋make＋人など＋動詞の原形〉の形を使う。

(2)「～に…させてやる」は〈主語＋let＋人など＋動詞の原形〉の形で表す。let は let(原形)－let(過去形)－let(過去分詞形)と活用する動詞。

(3)「～が…するのを手伝う」は〈主語＋help＋人など＋動詞の原形〉の形で表す。

(4)「この映画があなたをわくわくした気分にさせるだろう」と考える。「～だろう」は助動詞 will で，「～の気分がする」は〈feel＋形容詞〉で表せるので，〈主語＋will make＋人など＋feel＋形容詞〉の形を使う。

(5)「私があなたの新しい自転車を見るのを許してください」と考え，〈主語＋let＋人など＋動詞の原形〉の形を使う。「～してください」より，命令文になるように，Let で文を始める。

(6)「～が…するのを手伝う」は〈主語＋help＋人など＋動詞の原形〉の形で表す。「だれが～したのですか」より，疑問詞 who を主語にする。

まとめテスト●第1回 pp. 26 ～ 27

1 (1) イ (2) イ

2 (1) 風 (2) 怒った (3) 赤ん坊，赤ちゃん
(4) island (5) create (6) tournament

3 (1) Wake up (2) As you know
(3) dress up

4 (1) laugh (2) this cat Kuro (3) Let
(4) keep

5 (1) The story makes me sad.
(2) I'll help you look for your dog.

6 (1) (例) Let me go shopping with you.
(2) (例) What do you call that bird in your country?

7 (1) 日本のプロバスケットボールリーグ
(2) not only, but also
(3)(a) × (b) ○ (c) ○

台本

1 (1) Anna : Hi, I'm Anna. Nice to meet you. Please call me Ann.

(2) Girl : What did you do last Sunday?

／Boy：I read a book at home. It made me excited.

《和訳》1(1)アンナ「こんにちは，私はアンナです。よろしくお願いします。私をアンと呼んでください」

(2) 女の子「あなたはこの前の日曜日，何をしましたか」 男の子「ぼくは家で本を読みました。それはぼくをわくわくさせました」

解説

3(1) ここでの「起きなさい」は「目を覚ましなさい」ということなので，wake up が適切。

(2)「ご存じのように」は as you know。

(3)「着飾る」は dress up。

4(1)「この本はいつも私を笑わせる」と考えて，〈主語＋make＋人など＋動詞の原形〉の形にする。

(2)「～を…と名づける」は〈主語＋name＋～(人など)＋...(名詞)〉の形で表す。

(3) 直後に me know と続くことから，「私があなたの名前を知るのを許してください」となるように，〈主語＋let＋人など＋動詞の原形〉の形にする。

(4)「～を…(の状態)にしておく」は〈主語＋keep＋～(人など)＋...(形容詞)〉の形で表す。

5(1)「その話は私を悲しんでいる状態にする」と考える。

(2)「～が…するのを手伝う」は〈主語＋help＋人など＋動詞の原形〉の形で表す。「～をさがす」は look for ～。

6(1) let を使うので，「私があなたといっしょに買い物に行くのを許してください」という内容にする。

(2)〈主語＋call＋～(人など)＋...(名詞)〉の〈...(名詞)〉の部分を尋ねる疑問文にする。疑問詞は what を使う。

7(1) 直後の真央の発言参照。

(2)「～ばかりでなく…も(また)」は not only ～ but also ...。

(3)(a)「真央は昨日野球の試合を見ました」真央の最初の発言～2つ目の発言参照。

(b)「バスケットボールはアメリカ合衆国で考案されました」真央とダニエルの最後のやりとり参照。

(c)「スポーツの王とは，アメリカ合衆国におけるバスケットボールの別名です」ダニエルの最後の発言参照。

まとめテスト●第2回 pp. 28 ～ 29

1 (1) ×　(2) ○

2 (1) 心地よい　(2) 船，ボート　(3) 大洋，海
(4) especially　(5) power　(6) laugh

3 (1) Wish, luck　(2) Hand in
(3) were born

4 (1) Her brother's words made her decide to become a doctor.
(2) What made you interested in visiting Japan?
(3) Let me know if you need some help.

5 (1) This movie always makes me cry.
(2) What do you call this cat?

6 (1) (例) Keep your room clean.
(2) (例) Can you help me finish my homework?

7 (1)(a) 寒い冬
(b) 外でスポーツを楽しむ
(2)ゴールとしてモモのかごを使っていたから。
(3)(a) (最初のバスケットボールの試合に参加した)日本人学生
(b) 最初のバスケットボールの試合
(4) このレポートによって，バスケットボールがアメリカ合衆国で有名になりました。

台本

1(1) Jim：What did you do last Sunday? ／Yumi：I helped my sister clean her room and helped my brother do his homework.

(2) Jim：Do you like cookies, Yumi? ／Yumi：Yes, eating them makes me happy.

《和訳》(1)ジム「あなたはこの前の日曜日，何をしましたか」 由美「私は私の妹[姉]が彼女

の部屋を掃除するのを手伝って，弟が宿題をするのを手伝いました」
(2) ジム「あなたはクッキーが好きですか, 由美」由美「はい，それらを食べることは私を幸せにします」

解説

3(1)「幸運を祈る」は wish ～ luck。
(2)「～を提出する」は hand in ～。
(3)「生まれる」は be born。
4(1)「兄のことばが彼女に医者になることを決めさせた」と考える。
(2)「何があなたを日本を訪れることに興味を持った状態にしたのですか」と考える。
(3)「もし助けが必要なら，私が(そのことを)知るのを許してください」という内容にする。
5(1)「この映画を見ると，いつも泣いてしまいます」→「この映画はいつも私を泣かせます」
(2)「私たちはこのネコをタマと呼びます」→「あなたたちはこのネコを何と呼びますか」
6(1)「あなたの部屋をきれいにしておきなさい」という文にする。
(2)「私が宿題を終えるのを手伝ってくれませんか」という文にする。
7(1) 第１段落２文目参照。
(2) 第１段落４文目参照。
(3) 第２段落１～２文目参照。
(4) 〈主語＋make＋～(人など)＋...(形容詞)〉で「～を…(の状態)にする」という意味。the sport は直前の文にある basketball を指す。

Reading ① Power-Up 2

まとめテスト●第１回 pp. 30 ～ 31

1 (1) イ (2) ア (3) ウ

2 (1) 害を与える，傷つける (2) 注射
(3) poor (4) clever

3 (1) little by little (2) do，trick
(3) get away

4 (1) This cat is too large for children to hold.
(2) The situation will get worse soon.
(3) This book is so difficult that I can't understand it.

5 (1) ① dropped ⑥ giving
(2) 爆弾が動物園に落ちると，危険な動物が逃げ出して人を傷つけるかもしれないと陸軍が考えたから。
(3) ③ ウ ⑦ エ
(4) ④ ジョンがあまりに賢くて毒の入っていないジャガイモしか食べなかったから。
⑤ ジョンの皮ふがあまりにかたくて針が入らなかったから。
(5)(a) They loved to see the elephants' [John, Tonky, and Wanly's] tricks.
(b) Because he loved potatoes.

台本

1(1) This box is so heavy that he can't carry it.
(2) This soup is too hot for me to eat.
(3) My mother ordered me to clean my room.

《和訳》 1(1)「この箱はあまりに重いので彼はそれを運ぶことができません」
(2)「このスープは私にはあまりにも熱すぎて飲むことができません」
(3)「私の母は私に私の部屋を掃除するように命じました」

解説

3(1)「少しずつ」は little by little。
(2)「芸をする」は do a trick。
(3)「逃げ出す」は get away。
4(1) 語群に too と to があることから，too ～ for — to ...「—にはあまりにも～すぎて…できない」の形で表す。
(2)「悪化する」は get worse と表す。
(3) 語群に so，that，can't があることから，so ～ that — can't ...「あまりに～なので，—は…できない」の形で表す。
5(1)① 直前に be 動詞 were があることに注目。主語が Bombs「爆弾」なので,「落とされた」となるように dropped にかえる。
⑥ stop の目的語にあたるので動名詞 giving

にかえる。

(2) 下線部を含む文の最初にSoがあるので，理由は直前の文にあるとわかる。

(3)③「動物園の飼育系は彼らを殺したくなかったが，彼らは命令に従わなければならなかった」とすると適切。

⑦〈in＋時間・日数など〉で「～のうちに」という意味になる。

(4) それぞれ直後の文参照。

(5)(a)「上野動物園への来園者は何を見るのが大好きでしたか」という質問。第1段落4文目参照。

(b)「なぜ動物園の飼育員はジョンを殺すために毒入りのジャガイモをあげたのですか」という質問。第5段落1文目参照。

まとめテスト●第2回　pp. 32 ～ 33

1 (1) そば　(2) 涙をためて　(3) 母親

2 (1) 検査[試験]する　(2) 胃，おなか
(3) raise　(4) weak

3 (1) May I help you　(2) with tears
(3) a few

4 (1) Many people came to see me during my stay in the hospital.
(2) If you are tired, you should lie down on the bed.
(3) The boy no longer felt lonely.

5 (1)(a) 愛情のこもった目
(b) やさしい心を持った
(2) ② stood　③ lay
(3) ゾウたちがとても弱っているように見えたから。
(4) 胃の中に何も[1滴の水さえも]残っていなかったということ。
(5) They rest under the monument at the Ueno Zoo.
(6)(a) ×　(b) ○

台本

1 Yesterday, Asuka found a boy by her favorite park. He was looking for his mother with tears, so Asuka decided to help him look for her.

《和訳》「昨日，明日香は彼女のお気に入りの公園のそばで男の子を見つけました。彼は泣きながら彼のお母さんをさがしていたので，明日香は彼が彼女をさがすのを手伝うことに決めました」

解説

3(1)「いらっしゃいませ」はMay I help you?

(2)「涙をためて」はwith tears。

(3)「友だちが少し」は「少しの友だち」ということ。「少しの」はa few。

4(1)「～に会いに来る」はcome to see ～と表す。「入院中」は「病院での滞在の間に」と考える。

(2)「横になる」はlie downと表す。shouldは「～すべきである」という意味の助動詞。

(3)「もはや～しない」はno longer ～で表す。ここでは過去の文なので，no longerのあとに動詞の過去形がくる。

5(1) 直後の2文参照。

(2) いずれも過去の話題なので，過去形にする。不規則変化に注意。

(3) 直前の文参照。

(4) 第6段落3文目参照。

(5)「3頭のゾウは今どこに眠っていますか」最終文参照。

(6)(a)「トンキーとワンリーはおりから外に出たかったので動物園の飼育系に芸を披露しました」第2段落最終文参照。

(b)「トンキーとワンリーは動く力を失ったあとでさえも美しい目をしていました」第4段落2文目参照。

PROGRAM 4　Power-Up 3 / Steps 3

● Check　pp. 34 ～ 35

1 (1) using　(2) drinking water
(3) sitting by that[the] tree
(4) that[the] sleeping boy
(5) man carrying many bags
(6) that[the] dancing girl

2 (1) used (2) built
(3) made[cooked] by (4) boiled water
(5) bag made in Japan (6) used car

1(1)「〜している」という意味で名詞を修飾できるのは現在分詞。「手話を使っている」が「女の子」に後ろから説明を加える形にする。
(2)「向こうで水を飲んでいる」が「男の子」に後ろから説明を加える形にする。
(3)「あの木のそばで座っている」が「イヌ」に後ろから説明を加える形にする。
(4)「眠っている」を意味する現在分詞 sleeping が単体で「男の子」boy に説明を加える形になるので，sleeping は boy の前に置く。
(5)「たくさんのかばんを運んでいる」が「1人の男性」に後ろから説明を加える形にする。
(6)「踊っている」を意味する現在分詞 dancing が単体で「女の子」girl に説明を加える形になるので，dancing は girl の前に置く。

2(1)「〜される」という意味で名詞を修飾できるのは過去分詞。「世界でもっともよく使われている」が「手話」に後ろから説明を加える形にする。
(2)「〜された」という意味で名詞を修飾できるのは過去分詞。「1000年ほど前に建てられた」が「寺」に後ろから説明を加える形にする。
(3)「私の姉が作った」を「私の姉によって作られた」と考え，〈過去分詞 made[cooked]+語句〉を使って「肉じゃが」the *niku-jaga* に説明を加える形にする。「〜によって」は by で表す。
(4)「ふっとうした水」は「ふっとうさせられた水」と考え，過去分詞 boiled を使って「水」water に説明を加える形にする。過去分詞単体で名詞に説明を加えるとき，過去分詞はその名詞の前に置く。
(5)「日本製の」を「日本で作られた」と考え，〈過去分詞 made+語句〉を使って「かばん」a bag に説明を加える形にする。
(6)「中古車」を「使われた車」と考え，過去分詞 used を使って「車」car に説明を加える形にする。過去分詞単体で名詞に説明を加えるとき，過去分詞はその名詞の前に置く。

まとめテスト●第1回 pp. 36 〜 37

1 (1) エ (2) ア

2 (1) (相手を)負かす (2) いくつかの
(3) 小学校 (4) necessary (5) realize
(6) activity

3 (1) next to (2) What, mean
(3) No kidding

4 (1) talking (2) told (3) called
(4) swimming (5) known

5 (1) How is the curry made by my mother?
(2) There were many people waiting for the train.

6 (1) (例) Who was the girl playing tennis with you?
(2) (例) My father gave me a watch made in Italy.

7 (1)(a) 世界じゅうで広く使われている
(b) 約50万人のアメリカ手話[ASL]の使用者
(2) Would you like
(3)(a) ○ (b) ○ (c) ×

台本

1(1) Man : What do you have in this bag? ／Woman : Some butter. This is butter made in France.
(2) Woman : You have a beautiful picture. ／Man : Yes. This is a picture taken in Australia.

《和訳》(1)男性「あなたはこのかばんの中に何を持っていますか」 女性「いくらかのバターです。これはフランス産のバターです」
(2) 女性「あなたは美しい写真を持っていますね」 男性「はい。これはオーストラリアでとられた写真です」

解説

3(1)「〜のとなりに」は next to 〜。
(2)「どういう意味ですか」は What do you mean?。
(3)「まさか」は No kidding!。

4 (1)「あのスーザンと話している女の子」とすると意味が通るので，現在分詞にする。
(2)「ひかりによって話された話」とすると意味が通るので，過去分詞にする。
(3)「お好み焼きと呼ばれる食べ物」とすると意味が通るので，過去分詞にする。
(4)「あの泳いでいる男性」とすると意味が通るので，現在分詞にする。
(5)「もっともすばらしい歌手の１人として知られている女性」とすると意味が通るので，過去分詞にする。

5 (1)「私の母が作ったカレー」は「私の母によって作られたカレー」と考える。
(2)「その電車を待っている」という〈現在分詞＋語句〉が「たくさんの人」many people に説明を加える形にする。「～を待つ」は wait for ～。

6 (1)「あなたといっしょにテニスをしていた女の子はだれでしたか」という文にする。現在分詞を用いた過去の文で表す。
(2)〈give＋人＋もの〉「(人)に(もの)をあげる」などを使った文にする。「イタリア製の腕時計」は「イタリアで作られた腕時計」と考え，〈過去分詞＋語句〉が「腕時計」を表す watch に後ろから説明を加える形にする。

7 (1) 第２段落１～２文目参照。
(2)「～したいですか」は Would you like to ～?。
(3)(a)「100 以上の手話が世界で使われています」第１段落１文目参照。
(b)「いくつかの国の人々は手話を公用語として使います」第１段落２文目参照。
(c)「アメリカ手話[ASL]はアメリカとカナダだけで使われています」第２段落２～３文目参照。

まとめテスト●第２回 pp. 38 ～ 39

1 (1) ア (2) エ

2 (1) アルファベット (2) (～を)含めて
(3) 試合，競技会 (4) design (5) election
(6) communicate

3 (1) different kinds (2) take part in
(3) Would you

4 (1) loved by (2) sister working
(3) boy named

5 (1) I met a girl called Ann yesterday.
(2) We should not make a noise near the sleeping baby.

6 (1) (例) I have an uncle living in Canada.
(2) (例) I need a book written about Natsume Soseki.

7 (1) まゆを下げなかったから。
(2)・ジェスチャー
・顔の表情
(3)(a)○ (b) ×

台本

1 (1) Yuta : Do you see that boy? ／ Kate : Which boy? Do you mean the boy watching birds? ／ Yuta : Yes. He's my cousin.
(2) Girl : Who's that girl? ／ Boy : Which girl? ／ Girl : I mean the girl playing tennis. ／ Boy : Oh, she is my friend, Aki.

《和訳》 (1)裕太「あなたはあちらの男の子が見えますか」 ケイト「どの男の子ですか。あなたは鳥を見ている男の子のことを言っていますか」 裕太「はい。彼はぼくのいとこです」
(2) 女の子「あちらの女の子はだれですか」 男の子「どの女の子ですか」 女の子「テニスをしている女の子のことを言っています」 男の子「ああ，彼女はぼくの友だちの亜季です」

解説

3 (1)「さまざまな種類の～」は different kinds of ～。
(2)「～に参加する」は take part in ～。
(3)「～したいですか」は Would you like ～?。

4 (1)「多くの人々がこの映画が大好きです」≒「これは多くの人々にとても好かれている映画です」
(2)「宏には姉[妹]がいます。彼女は歯医者として働いています」≒「宏には歯医者として働いている姉[妹]がいます」

(3)「ある男の子があなたに会いたがっています。彼の名前は翔太です」≒「翔太と名づけられた男の子があなたに会いたがっています」

5(1)「アンと呼ばれる少女」は，「アンと呼ばれる」という〈過去分詞＋語句〉で「少女」に説明を加える形で表す。

(2)「～するべきではありません」は should not ～,「騒音を立てる」は make a noise,「眠っている赤ちゃん」は「眠っている」を表す現在分詞 sleeping 単体で名詞 baby に説明を加える形で表す。

6(1)「私にはカナダに住んでいるおじが1人います」という文にする。「カナダに住んでいるおじ」は，〈現在分詞＋語句〉で「1人のおじ」an uncle に説明を加える形で表す。

(2)「私には夏目漱石について書かれた本が1冊必要です」という文にする。「夏目漱石について書かれた」は,〈過去分詞＋語句〉で「1冊の本」に説明を加える形で表す。

7(1) 直後の文参照。

(2) ダニエルの2つ目の発言と，真央とダニエルの最後のやりとり参照。

(3)(a)「ダニエルは真央に手話を使った彼女の名前の伝え方を示しました」真央とダニエルの最初のやりとり参照。

(b)「手話を使うとき，顔の表情については考える必要がありません」真央とダニエルの最後のやりとり参照。

定期テスト予想問題2●第1回 pp. 40 ～ 41

1 (1) イ (2)(a) ア (b) ウ

2 (1) too, for, to (2) just around, corner
(3) can't[cannot], any more

3 (1) エ (2) ウ

4 (例) He is the teacher wearing a black shirt.

5 (1) It made me laugh a lot.
(2) ② got ③ do
(3)(a) ○ (b) ○ (c) × (d) ○ (e) ×

台本

1(1) Boy : You went to see a movie last weekend, right? ／ Girl : Yes. I saw it with some friends. ／ Boy : How was it? // Girl : ア We went by bike. ／イ It made me sleepy. ／ウ I'd like to see it.

(2)(a) Girl : Takuya, what are you going to give Haruna for her birthday? ／ Boy : I'll give her this cup. It was made in France. How about you, Lucy? ／ Girl : This English book. ／ Boy : Wow, it looks interesting.
Question : What will Lucy give Haruna?

(b) Man : Last weekend, Kenji went to a park with his brother to play basketball. When they got there, Kenji saw a woman taking pictures with her camera. She was his friend, Yuka's sister.
Question : What was Yuka's sister doing when Kenji saw her?

《和訳》(1)男の子「あなたは先週末，映画を見に行ったのですよね」 女の子「はい。私は何人かの友だちといっしょにそれを見ました」 男の子「それはどうでしたか」 女の子 ア「私たちは自転車で行きました」 イ「それは私を眠くしました」 ウ「私はそれを見たいです」

(2)(a)女の子「卓也，あなたは春菜の誕生日に何をあげるつもりですか」 男の子「ぼくは彼女にこのコップをあげるつもりです。それはフランス製です。あなたはどうですか，ルーシー」 女の子「この英語の本です」 男の子「わあ，それはおもしろそうに見えます」
質問「ルーシーは春菜に何をあげるつもりですか」

(b) 男性「先週末，健司はバスケットボールをするために彼の弟[兄]といっしょに公園へ行きました。彼らがそこに着いたとき，健司はカメラで写真をとっている女性を見ました。

彼女は彼の友だちの由香のお姉さんでした」
質問「由香のお姉さんは，健司が彼女を見たときに何をしていましたか」

解説

2 (1)「このコーヒーは私にはあまりに苦すぎて飲めない」と読みかえて too ～ for — to ... の表現を使う。

(2)「間近に」は just around the corner。

(3)「もはや～ない」は not ～ any more。

3 (1) レシートがあるかを尋ねられた女の子が「かばんを確かめます」と言っていることから考えると，**エ**「少々お待ちください」が適切。

(2) 直後で「そうすれば冷たい空気が家から出て行ってしまいます」と言っていることから，**ウ**「窓を開けっ放しにしてはいけません」が適切。

4 明の2つ目の発言より，山田先生とはコンピュータを使っている先生だとわかる。その前にトムが「そのような先生は2人います」と言っていることから，明ははじめに，コンピュータを使っている先生ともう1人の別の先生が共有している特徴を述べてしまったとわかる。

5 (1) 語群に動詞の原形 laugh，made，代名詞 me があることから，〈主語＋make＋人＋動詞の原形〉の形にする。

(2)② 直後に very excited という形容詞(句)があるので，「～になる」という意味の get を過去形 got にして入れると意味が通る。

③ 直後に my best があることに注目。do one's best で「最善をつくす」という意味。

(3)(a)「ダニエルは今，日本におり，このメールをカナダにいる美希に送りました」第1段落1文目と第2段落最終文参照。

(b)「ダニエルはこのメールを送る前に美希からマンガ本を受け取りました」第1段落2文目参照。

(c)「ダニエルは昨日，日本で行われたバスケットボールの試合に参加しました」第2段落1文目参照。参加したのではなく見に行った。

(d)「競技場にはプロバスケットボールの試合を見ている人がたくさんいました」第2段落3文目参照。

(e)「ダニエルは来週末，バスケットボールのトーナメントを見に行くつもりです」第3段落参照。見に行くのではなく，参加しに行く。

定期テスト予想問題2●第2回 pp. 42 ～ 43

1 (1)(a) イ　(b) ア　(2) イ

2 (1) hand in　(2) so, that, couldn't
(3) not only, but also

3 (1) イ　(2) ア

4 (例) Let me see your library card.

5 (1) using
(2) 手話で情報[意見，気持ち]を伝え合うのはすばらしいにちがいありません。
(3) (例) She is one of Daniel's friends.
(4)(a) ○　(b) ○　(c) ×　(d) ×

台本

1 (1)(a) Girl : We can't see the top of the mountain yet. ／ Boy : This sign says it's 1,400 meters from here to the top. ／ Girl : Oh, I can't walk any more. // Boy : ア　I see. Let's hurry to the top. ／ イ　All right. Let's get rest then. ／ ウ　OK. Let's run.

(b) Boy : Wow, you have a nice bag. ／ Girl : Thank you. I like it very much. ／ Boy : Is it a bag made in Japan? // Girl : ア　No, it's from Italy. ／ イ　No, I bought it in Japan. ／ ウ　No, it wasn't so expensive.

(2) Woman : May I help you? ／ Man : Well, I bought this camera yesterday, but it doesn't work. Can I exchange it? ／ Woman : Do you have the receipt? ／ Man : Sure, here you are.
Question : What is the man's problem?

《和訳》(1)(a)女の子「私たちはまだ山の頂上が見えません」 男の子「この標識にここから頂上までは1,400メートルあると書いてあります」 女の子「ああ，私はもうこれ以上歩けません」 男の子 **ア**「なるほど。頂上へ急ぎましょう」 **イ**「わかりました。では，休みましょう」 **ウ**「わかりました。走りましょう」

(b) 男の子「わあ，あなたはすてきなかばんを持っていますね」 女の子「ありがとうございます。私はそれが大好きです」 男の子「それは日本製のかばんですか」 女の子 **ア**「いいえ，それはイタリア製です」 **イ**「いいえ，私は日本でそれを買いました」 **ウ**「いいえ，それはそんなに高くありませんでした」

(2) 女性「いらっしゃいませ」 男性「ええと，私は昨日このカメラを買ったのですが，それは動きません。交換してもいいですか」 女性「レシートはお持ちですか」 男性「もちろん，はい，どうぞ」

質問「男性の問題は何ですか」

解説

2(1)「～を提出する」は hand in ～。

(2)「あまりに～なので…」は so ～ that ....。

(3)「～ばかりでなく…も」は not only ～ but also ....。

3(1) 女の子が直後に「クロ」と言っている。これは写真に写っているペットの名前だと考えられるので，**イ**「あなたはそれを何と呼んでいるのですか」を入れると会話が成り立つ。ペットは1匹なので，**ウ**「それらの名前は何ですか」は不適切。

(2) 女の子が直後に「彼はよく音楽祭のためにあんなふうにそこで練習をしています」と言っているので，音楽祭に関する練習をしていることを表しているものを選ぶとわかる。よって，**ア**「ベンチでギターをひいている少年です」が適切。

4 女性の発言に対して男の子は「はい，どうぞ」と図書館カード(library card)を差し出している。よって女性は「私にあなたの図書館カードを見せてください」などと言ったと考えられる。

5(1) 現在分詞 using にし，using sign language「手話を使っている」で the girl「女の子」を説明する形にすると文が成立する。

(2)〈It is ～ to ....〉「…するのは～である」の文。ここでの must は「～にちがいない」という推量を表す語として使われている。

(3)「ソフィアとはだれですか」ダニエルの最初の発言参照。

(4)(a)「ダニエルと真央は，動画で2人より多い女の子が見ます」最初の2人のやりとり参照。真央が「どちらがソフィアですか」と尋ねていることから，女の子は2人はいることになる。

(b)「ダニエルはソフィアが手話で何を言うのかを理解することができます」真央の2つ目の発言とそれに対するダニエルの応答参照。

(c)「ダニエルはアメリカ合衆国で使われている手話をいくつか学校で学びました」ダニエルの4つ目の発言参照。

(d)「世界には手話は1種類しかなく，それがASLです」真央の4つ目の発言以降参照。

PROGRAM 5 Steps 4 / Word Web ②

● Check pp. 44 ～ 45

1 (1) who lives (2) who wrote
(3) who love

2 (1) which opened (2) which has
(3) which consume

3 (1) that[which] has (2) that live

1(1) 先行詞が「女性」という「人」なので，「私の家の近くに住んでいる」を〈who＋動詞～〉の形で表し，これで先行詞 a woman を説明する形にする。

(2) 先行詞が「少年」という「人」なので，「この物語を書いた」を〈who＋動詞～〉の形で表し，これで先行詞 The boy を説明する形にする。

(3) 先行詞が「(たくさんの) 生徒」という「人」なので，「チョコレートが大好きな」を〈who＋動詞～〉の形で表し，これで先行詞

many students を説明する形にする。

2(1) 先行詞が「レストラン」という「もの」なので,「3日前に開店した」を〈which＋動詞〜〉の形で表し,これで先行詞 a restaurant を説明する形にする。

(2) 先行詞が「家」という「もの」なので,「緑色の屋根の(＝緑色の屋根を持った)」を〈which＋動詞〜〉の形で表し,これで先行詞 a house を説明する形にする。

(3) 先行詞が「国」という「もの」なので,「たくさんのチョコレートを消費している」を〈which＋動詞〜〉の形で表し,これで先行詞 the countries を説明する形にする。

3(1)「パッケージにフェアトレードのロゴがある」で「チョコレート」を説明する。

(2) 先行詞が「1人の少女と1頭のトラ」という「人＋もの」なので,「いっしょに暮らす」を〈that＋動詞〜〉の形で表し,これで先行詞 a girl and a tiger を説明する形にする。

まとめテスト●第1回　pp. 46 〜 47

1 (1) ウ　(2) イ

2 (1) 高価な　(2) 県　(3) 首
(4) daily　(5) price　(6) dictionary

3 (1) in a row　(2) On the other hand
(3) belong to

4 (1) who　(2) which　(3) that
(4) which tell　(5) is

5 (1) Do you remember the woman that was selling chocolate at the station?
(2) This is a movie which will make you excited.

6 (1) (例) Do you have any friends who have been to Australia?
(2) (例) Look at the birds which are flying in the sky.

7 (1) ウ
(2) たくさんのチョコレートを消費している国
(3) It was born in 1847.
(4)(a) ○　(b) ×

台本

1(1) John : Do you know this shop? ／ Kana : Yes. It’s a shop which has many kinds of ice cream.

(2) John : What kind of shop do you want to see? ／ Kana : I want to go to a shop that sells a lot of bags.

《和訳》(1)ジョン「あなたはこの店を知っていますか」 加奈「はい。それは多くの種類のアイスクリームがある店です」

(2) ジョン「あなたはどんな種類の店を見たいですか」 加奈「私は多くのかばんを売る店へ行きたいです」

解説

3(1)「続けて」は in a row。

(2)「一方」は on the other hand。

(3)「〜に所属する」は belong to 〜。

4(1)「卓也はサッカーが大好きな少年です」先行詞 a boy は「人」なので,関係代名詞 who を選ぶ。

(2)「これはあおば駅行きのバスです」先行詞 a bus は「もの」なので,関係代名詞 which を選ぶ。

(3)「私は広いキッチンのある家を購入したいです」a house は「もの」なので,先行詞が「人・もの・事がら」のときに使える関係代名詞 that を選ぶ。

(4)「あなたは福沢諭吉について教えてくれる本を持っていますか」any books は「もの」なので,関係代名詞は which か that が適切。先行詞 any books が複数形なので,関係代名詞のあとの動詞 tell に s はつかない。

(5)「これらのかばんをデザインした女性は私の国で有名です」who 〜 these bags は The woman を説明する部分であり,文の主語の中心となる語句は The woman。三人称・単数なので,is が適切。

5(1)「駅でチョコレートを売っていた女性」は,「駅でチョコレートを売っていた」を〈関係代名詞＋動詞〜〉で表し,これで the woman「女性」を説明する形にする。

(2) 語群に形容詞 excited，代名詞 you，動詞 make があることから，「見るとわくわくする映画」は「あなたをわくわくさせる映画」と考える。語群に will があるので，「あなたをわくわくさせる」を〈関係代名詞＋助動詞＋動詞の原形～〉で表し，これで a movie「映画」を説明する形にする。

6 (1)「あなたにはオーストラリアに行ったことのある友だちがいますか」という意味の文にする。「～に行ったことがある」は have [has] been to ～で表す。

(2)「空を飛んでいる鳥たちを見てください」という意味の文にする。

7 (1) 直後の文参照。味を改善するためにミルクを加えたとあることから，**ウ**「苦い」が適切。**ア**「高価な」，**イ**「厚い」，**エ**「大きい」はいずれも不適切。

(2) 直後の文参照。which ～ chocolate が the countries を説明している。

(3)「最初の固形のチョコレートはいつ誕生しましたか」という質問。第２段落１文目参照。

(4)(a)「カカオ豆はスペイン人によってヨーロッパに紹介されました」第１段落２文目参照。

(b)「16 世紀のヨーロッパの人々は，食べることによってチョコレートを楽しんでいました」第１段落２～３文目参照。

まとめテスト●第２回　pp. 48 ～ 49

1 (1) ア　(2) ウ

2 (1) 女性の　(2) 消費する　(3) 囲む
(4) debut　(5) perfect　(6) serve

3 (1) at the same time　(2) regard, as
(3) In other words

4 (1) who has　(2) which is called
(3) who painted

5 (1) He must be the man who stole my bike.
(2) Is this the train that goes to Midori Station?

6 (1) (例) This is a picture that was taken by my brother.
(2) (例) Let's go to the zoo which opened last month.

7 (1) エ
(2) カカオ豆を公正な価格で買い，「フェアトレード」のチョコレートを売ること。
(3) パッケージにフェアトレードのロゴのあるチョコレートをさがせばよい。
(4)(a) ×　(b) ○

台本

1 (1) Emma : Who's that man? ／ Hiroshi : He's a person that teaches English at college.

(2) Emma : Do you know anything about that man? ／ Hiroshi : Yes. He is a person who works at a gas station.

《和訳》 (1)エマ「あちらの男性はだれですか」浩「彼は大学で英語を教えている人です」
(2) エマ「あなたはあちらの男性について何か知っていますか」 浩「はい。彼はガソリンスタンドで働いている人です」

解説

3 (1)「同時に」は at the same time。
(2)「～を…とみなす」は regard ～ as ...。
(3)「つまり」は in other words。

4 (1)「私はこの町に自分の病院を構えている医師を知っています」という意味の文にする。
(2)「マイクはベルと呼ばれているネコを飼っています」という意味の文にする。
(3)「この絵を描いた少年は６歳です」という意味の文にする。

5 (1)「私の自転車を盗んだ男」は，「私の自転車を盗んだ」を〈関係代名詞＋動詞～〉で表し，これで the man「男」を説明する形にする。「～にちがいない」は助動詞 must を使って表す。

(2)「緑駅行きの電車」は「緑駅に行く電車」と考える。「緑駅に行く」を〈関係代名詞＋動詞～〉で表し，これで the train「電車」を説明する形にする。

6 (1)「これは兄によって撮られた写真です」と

いう意味の文にする。

(2)「いっしょに先月オープンした動物園に行きましょう」などという意味の文にする。相手を誘う表現にはLet's ～.のほかに，Why don't we ～? などがある。

7 (1) チョコレートの歴史の暗い面がテーマとなっていることを考慮し，チョコレートの価格は不公平に「低」く，カカオ農家は「貧しい」と考えるのが適切。

(2) 直後の文参照。

(3) 第2段落最終文参照。

(4)(a)「多くの子どもたちがカカオ農場で働いていますが，それは彼らがそうすることを望んでいるからです」第1段落4文目参照。be forced to ～は「～せざるを得ない」という意味。

(b)「カカオ農場で働く子どもたちの中には，チョコレートがどのようなものなのかを知らない子もいます」第1段落最終文参照。

PROGRAM 6 Steps 5 / Our Project ⑧ / Power-Up 4

● Check pp. 50 ～ 51

1 (1) which the researcher found
(2) which Jim was eating

2 (1) that[which] humans[people] throw away
(2) that he published
(3) you played tennis with

3 (1) Boyan invented (2) children can read
(3) she is interested in

1 (1) 先行詞が「小区画」という「もの」なので，「その研究者が見つけた」を〈which＋主語＋動詞～〉の形で表し，これで先行詞 The patch を説明する形にする。

(2) 先行詞が「サンドイッチ」という「もの」なので，「ジムが食べていた」を〈which＋主語＋動詞～〉の形で表し，これで先行詞 The sandwiches を説明する形にする。

2 (1) 先行詞が「プラスチック製品」という「もの」なので，「人間が捨てる」を〈that[which]＋主語＋動詞～〉の形で表し，これで先行詞 The plastics を説明する形にする。

(2) 先行詞が「唯一の本」という「もの」なので，「彼が出版した」を〈that＋主語＋動詞～〉の形で表し，これで先行詞 the only book を説明する形にする。先行詞に the only がついているので，関係代名詞は that を使うのがふつう。

(3)「あなたがいっしょにテニスをした」を〈that＋主語＋動詞～〉の形で表し，これで先行詞 the young man を説明する形にする。you played tennis with him（＝the young man）の him が関係代名詞として前に出る。なお，先行詞が「人」の場合，関係代名詞 who を目的格として使うこともある。

3 (1) 空所の数から判断して，先行詞 The cleanup system「クリーンアップシステム」を関係代名詞を省略し，〈主語＋動詞～〉の形で直接説明する。

(2) 空所の数から判断して，先行詞 books「本」を〈主語＋動詞～〉の形で直接説明する。「～できる」は助動詞 can で表すので，ここでは〈主語＋can＋動詞の原形～〉の形になる。

(3) 空所の数から判断して，先行詞 things を〈主語＋動詞～〉の形で直接説明する。she is interested in them（＝things）の them の役割を果たす関係代名詞が省略されている。

まとめテスト●第1回 pp. 52 ～ 53

1 (1) イ (2) ア

2 (1) 減らす (2) 電池 (3) 実際に，実のところ
(4) collect (5) south (6) surface

3 (1) agree with (2) Both, and
(3) times as, as

4 (1) which[that], should[must] buy
(2) many people visit
(3) you are looking for

5 (1) What is the most interesting book

you have ever read?

(2) This is the man that they call Hiro.

6 (1) (例) Please show me the picture(s) that you took in Kyoto.

(2) (例) The movie which I saw [watched] yesterday was boring.

7 (1) 海に浮かぶ膨大な量のごみ

(2)(a) プラスチック片　(b) 約４倍

(3)(a) ○　(b) ×

台本

1 (1) Man : They are animals which we can see in the zoo. The neck this animal has is very long.

(2) Woman : These are fruit that you can get at a supermarket. It has yellow skin you can eat. The juice which we make with this fruit is sour.

《和訳》(1)男性「それらは私たちが動物園で見ることのできる動物です。この動物が持つ首はとても長いです」

(2) 女性「これらはスーパーマーケットで手に入れることができるくだものです。それは食べられる黄色い皮を持っています。このくだもので作るジュースはすっぱいです」

解説

3 (1)「～に賛成する」は agree with ～。

(2)「～も…も」は both ～ and ...。

(3)「―の～倍…」は～ times as ... as ―。

4 (1)「ほかに何か買うべきものはありますか」≒「ほかに何か私たちが買うべき[買わないといけない]ものはありますか」

(2)「この駅の近くにコーヒーショップがあります。多くの人がそこを訪れます」≒「この駅の近くに，多くの人が訪れるコーヒーショップがあります」空所の数から関係代名詞は省略する。

(3)「あなたはこの本をさがしているのですか」≒「これがあなたのさがしている本ですか」空所の数から関係代名詞は省略する。

5 (1)「あなたが今までに読んだもっともおもしろい本」は，「あなたが今までに読んだ」で the most interesting book「もっともおもしろい本」を説明する形にする。語群から関係代名詞は省略する。

(2)「彼らがヒロと呼んでいる男性」は，「彼らがヒロと呼んでいる」を関係代名詞 that を使って表し，これで the man「男性」を説明する形にする。〈call + ～(人など) + ...(名詞)〉「～(人など)を…と呼ぶ」の〈～(人など)〉にあたる語句が関係代名詞になって前に出る。

6 (1)「あなたが京都で撮った写真を見せてください」などという意味の文にする。

(2)「私が昨日見た映画は退屈でした」という意味の文にする。

7 (1) 第１段落２文目参照。

(2)(a) 第１段落３文目参照。

(b) 第２段落最終文参照。

(3)(a)「太平洋ごみベルトは 1997 年に研究者によって発見されました」第１段落参照。

(b)「太平洋ごみベルトは世界最大の島です」第１段落２～３文目参照。

まとめテスト●第２回　pp. 54 ～ 55

1 イ→ウ→エ→ア

2 (1) ごみ　(2) 東（の）　(3) においがする

(4) float　(5) huge　(6) allow

3 (1) all the time　(2) huge amount of

(3) It is said that

4 (1) This is the man that Akira has wanted to meet.

(2) Is there anything which we can do for you?

5 (1) The watch that I bought last weekend was expensive.

(2) I want to read the book Tom wrote.

6 (1) (例) These are cookies which my sister made.

(2) (例) The singer that I like the best is Bob Brown.

7 (1)(a) 引っかかって抜け出せなくなる
(b) えさのように見える
(2)・プラスチックの使用を減らすこと。
・海のごみを集めること。
(3)(a) ○ (b) ×

台本

1 Boy : Basketball is the sport fifteen students in our class like. Tennis is more popular than basketball. Soccer is also a sport many students like. It's more popular than baseball, but it's not as popular as basketball.
《和訳》男の子「バスケットボールは私たちのクラスの 15 人の生徒が好きなスポーツです。テニスはバスケットボールよりも人気があります。サッカーも多くの生徒が好きなスポーツです。それは野球よりも人気がありますが，バスケットボールほど人気がありません」

解説

3 (1)「いつでも」は all the time。
(2)「膨大な量の～」は a huge amount of ～。
(3)「～と言われています」は It is said (that) ～。

4 (1)「明がずっと会いたがっている男性」は，「明がずっと会いたがっている」を関係代名詞 that を使って表し，これで the man「男性」を説明する形にする。「ずっと会いたがっている」は継続を表す現在完了で表す。
(2)「私たちがあなたのためにできる何かがありますか」と考える。「私たちがあなたのためにできる」を関係代名詞 which を使って表し，これで anything「何か」を説明する形にする。

5 (1)「腕時計は高価でした。私はそれを先週末買いました」→「私が先週末買った腕時計は高価でした」
(2)「私は本を読みたいです。トムがそれを書きました」→「私はトムが書いた本を読みたいです」 8 語の指定から関係代名詞は省略する。

6 (1)「これらは私の妹が作ったクッキーです」という意味の文にする。
(2)「私がいちばん好きな歌手はボブ・ブラウンです」という意味の文にする。

7 (1)(a) 第 1 段落 2 文目参照。
(b) 第 1 段落 3 文目参照。
(2) 第 2 段落最終文参照。
(3)(a)「毎年，多くの海洋動物が私たちのプラスチックごみが原因で死んでいます」第 1 段落最終文参照。
(b)「2050 年には，太平洋ごみベルトに約 80,000 トンのごみがあるでしょう」第 2 段落 1 文目参照。約 80,000 トンとは，太平洋ごみベルトに現在あると言われているごみの量。

定期テスト予想問題 3 ●第 1 回 pp. 56 ～ 57

1 (1)(a) イ (b) ア (2) ウ

2 (1) throw away (2) In other words

3 (1) イ (2) ウ

4 (例) Is that a bus which goes to Aoba Station?

5 (1) There are many students who love chocolate in our class.
(2)(a) 押しつぶされたカカオ豆とスパイス
(b) 砂糖 (c) 薬
(3) ウ
(4) They will talk about the history of chocolate.

台本

1 (1)(a) Boy : This is a picture of my bird. ／ Girl : It's cute. I don't have any pets. I want to have a pet, too. ／ Boy : What animal do you want to have? // Girl : ア I have a cat which has green eyes. ／ イ I want a dog which has short ears. ／ ウ I got a rabbit which has white hair.
(b) Boy : I bought two kinds of cookies. ／ Girl : Wow, both of them look delicious. ／ Boy : Which would you

like to eat? // Girl : ア　The cookies which have jam on them. ／イ　I bought cookies which were sold at that shop. ／ウ　I ate some cookies which had chocolate on them.

(2) Boy : There is a large library in our town. It's old, but it has a lot of books and many people visit it. Actually, it was built by my grandfather thirty years ago.
Question : What is the boy talking about?

《和訳》 (1)(a)男の子「これはぼくの鳥の写真です」 女の子「それはかわいいですね。私は何もペットを飼っていません。私もペットを飼いたいです」 男の子「あなたはなんの動物を飼いたいですか」 女の子　**ア**「私は緑色の目を持つネコを飼っています」 **イ**「私は短い耳を持つイヌがほしいです」 **ウ**「私は白い毛を持つウサギを手に入れました」

(b) 男の子「ぼくは2種類のクッキーを買いました」 女の子「わあ，それらのどちらもおいしそうに見えます」 男の子「あなたはどちらが食べたいですか」 女の子　**ア**「ジャムがのったクッキーです」 **イ**「私はあの店で売られていたクッキーを買いました」 **ウ**「私はチョコレートがのったクッキーをいくつか食べました」

(2) 男の子「私たちの町には大きな図書館があります。それは古いですが，それには多くの本があって多くの人がそれを訪れます。実は，それは30年前にぼくの祖父によって建てられました」
質問「男の子は何について話していますか」

解説

2(1)「～を捨てる」は throw away ～。
(2)「つまり」は in other words。

3(1) 直後で男の子が「彼が手伝ってくれました」と言っていることから，**イ**「それ（＝数学）が得意なおじさんがいる」を入れると会話が成り立つ。
(2) 直後で男の子が「はい，なのでこれを図書館で見つけたときはうれしかったです」と言っていることに注目。**ウ**「あなたがずっと読みたがっていた」を入れると会話が成り立つ。

4　男の子が No, it's not. と答えていることから，女性は〈Is＋主語～?〉の疑問文で質問をしたと考えられる。女性はバス停であおば駅を思い浮かべているので，「あれはあおば駅に行くバスですか」などの質問が適切。

5(1) ここでは who を関係代名詞として使う。who は先行詞に「人」をとるので，students を先行詞とし，名詞の複数形につけることのできる many を students の前に置く。who のあとに動詞 love とその目的語 chocolate を続けて many students who love chocolate「チョコレートが大好きな多くの生徒」とすると意味が通った表現になる。残った there と are は there are ～で「～がある［いる］」を表せるので，この語順で文頭に置き，There are many students who love chocolate ～「～チョコレートが大好きな生徒がたくさんいる」とすると意味が通る。
(2) エミリーの4つ目の発言参照。
(3) 空所を含む文は「チョコレートはあまりに（　③　）だったので，ほんの少人数の人々しかそれをとることができませんでした」という意味。ほんの少人数の人々しかとることができなかった理由として適切なのは，**ウ**「高価な」。
(4)「エミリーと健はスピーチで何について話すでしょうか」という質問。エミリーの1つ目の発言から2つ目の発言までの2人のやりとり参照。

定期テスト予想問題3●第2回　pp. 58 ～ 59

1　(1)(a) ウ　(b) イ　(2) エ

2　(1) regard, as　(2) It is said that

3　(1) イ　(2) ウ

4　(例) a boy who travels in many places in the world with a robot (, Tex).

5 (1) (ギリシャにダイビングに行って)そこにごみがとてもたくさんあるのを見たから。
(2) Don't we all want a future that is better than the present?
(3) ものごとを再びよりよい状態にすること。
(4) He visited it for diving.
(5)(a) ○　(b) ×

台本

1 (1)(a) Boy : Nao, how was your trip to Australia? ／ Girl : I really enjoyed it. ／ Boy : That's good. Oh, is this a picture that you took there? // Girl : ア Yes, I went to Australia. ／イ Yes, I painted it during the trip. ／ウ Yes, I took it in a zoo.
(b) Girl : Where is the house Jim is staying at? ／ Boy : You will see it soon. ／ Girl : What does it look like? // Boy : ア I like his house very much. ／イ It has two large windows. ／ウ It's near my favorite bookstore.
(2) Boy : Have you seen my watch? ／ Woman : Which watch are you talking about? ／ Boy : The black one. It was a present from my grandfather. ／ Woman : Oh, I saw it in the kitchen this morning.
Question : What is the boy looking for?

《和訳》 (1)(a)男の子「奈央，オーストラリアへの旅行はどうでしたか」 女の子「私は本当にそれを楽しみました」 男の子「それはいいですね。ああ，これはあなたがそこでとった写真ですか」 女の子 ア「はい，私はオーストラリアへ行きました」 イ「はい，私は旅行の間にそれを描きました」 ウ「はい，私は動物園でそれをとりました」
(b) 女の子「ジムが滞在している家はどこですか」 男の子「あなたはもうすぐそれが見えるでしょう」 女の子「それは何のように見えますか」 男の子 ア「ぼくは彼の家が大好きです」 イ「それには2つの大きな窓があります」 ウ「それはぼくのお気に入りの書店の近くです」
(2) 男の子「あなたはぼくの腕時計を見ましたか」 女性「あなたはどの腕時計のことを言っていますか」 男の子「黒いものです。それはぼくの祖父からのプレゼントです」 女性「ああ，私は今朝，台所でそれを見ました」
質問「男の子は何を探していますか」

解説

2 (1)「～を…とみなす」は regard ～ as ....。
(2)「～と言われています」は It is said (that) ～.。

3 (1) 直後で女の子が「たくさんのくだものがのった大きなものです」と答えていることに注目。イ「どんな種類のケーキがほしいですか」を入れると会話が成り立つ。
(2) 女の子に持っているぼうしを買ったのかと尋ねられた男の子が「いいえ」と答えていることに注目。ウ「これは兄[弟]がくれたぼうしなのです」を入れると会話が成り立つ。

4 加奈に「今週末にこの映画を見ましょう」と提案されたヘレンは「それは何についてのものですか」と質問している。イラストを見ると，映画はロボットといっしょに世界のたくさんの場所を旅する少年についての物語だとわかるので，このことを伝える英文1文を関係代名詞 who を使って書く。

5 (1) 第1段落第2文目参照。
(2) that を関係代名詞と考え，〈that is ～〉で名詞を修飾すると判断する。語群中の名詞 future に冠詞 a をつけた a future を先行詞とし，残る than と better を better than の語順で that is に続けて a future that is better than ～「～よりもよい未来」と並べる。これを want の目的語として置いて want a future that is better than ～「～よりもよい未来がほしい」とすると意味が通る。
(3) 下線部を含む文の前半参照。
(4)「ボイヤンさんは16歳のときに何のためにギリシャを訪れたのですか」という質問。第1段落最初の文参照。go ～ ing で「～しに行く」という意味。

(5)(a)「ボイヤンさんは18歳のときにオーシャン・クリーンアップのプロジェクトを始めました」第1段落参照。

(b)「ボイヤンさんは海をきれいにしますが，いくらか海洋動物を傷つける清掃システムを発明しました」第2段落2文目参照。

PROGRAM 7

● Check　pp. 60 ~ 61

1 (1) were, could play
(2) knew, could call
(3) were, would buy
(4) weren't, would ask
(5) had, would have
(6) could play, could join
(7) were, would not do

2 (1) wish, had　(2) wish, were
(3) wish, could fly
(4) wish, would be[become]
(5) wishes, were　(6) wish, would do

1 (1)〜(7) 現在の事実と違うことを仮定していると考えられるので，仮定法過去〈If＋主語＋動詞の過去形，主語＋would[could]＋動詞の原形〉の形を使う。助動詞は「〜でしょう」や「〜するのですが」の場合はwould，「〜できるのですが」の場合はcouldと使い分ける。

(1)・(3)・(4)・(7) 仮定法過去でbe動詞を使う場合は，主語の人称や数に関係なくwereを使う。

(4)「忙しくなければ」なので，〈If＋主語＋動詞の過去形〉の部分を否定文の形にする。

(6)「ピアノがひけたら」なので，〈If＋主語＋動詞の過去形〉の部分を助動詞canの過去形couldを使って表す。

(7)「〜しないでしょう」なので，〈主語＋would[could]＋動詞の原形〉の部分を否定文の形にする。

2 (1)〜(4) 現在の事実と違うことについての願望を表す場合は，〈I wish＋主語＋(助)動詞の過去形（＝願望の内容を過去形の文で表したもの）〉の形を使う。

(2) 仮定法過去でbe動詞を使う場合はwereを使う。

(5)「彼女は」なので，主語をSheにし，wishをwishesにする。be動詞を使う場合はwereを使う。

(6) 主語にI以外の語がくることもある。

まとめテスト●第1回　pp. 62 ~ 63

1 (1) エ　(2) ア

2 (1) 地図　(2) 病気　(3) 提案する，すすめる
(4) convenient　(5) patient　(6) imagine

3 (1) have a break　(2) shake hands with
(3) clean up

4 (1) had, could lend　(2) wish, could
(3) were not, would

5 (1) If I were a bird, I could visit various countries without using money.
(2) I wish this restaurant were next to my house.

6 (1)（例）If I weren't[were not] busy, I would go (to see the movie with you).
(2)（例）I wish the summer vacation were longer.

7 (1)・達人による50,000の対局を研究したこと。
・ほかのボナンザと700万回も対局を行ったこと。
(2) たくさんの情報を速く蓄積し，処理する能力
(3)(a) ×　(b) ○

台本

1 (1) Boy : Where are you going? ／ Girl : I'm going to the library. ／ Boy : It's raining now. If I were you, I would stay home.

(2) Boy : What did you do last weekend? ／ Girl : I played badminton with my

brother in the park. ／ Boy : That's good. I wish I had a brother too.

《和訳》(1)男の子「あなたはどこへ行くところですか」 女の子「私は図書館へ行くところです」 男の子「今は雨が降っています。もし私があなたなら，家にいるでしょう」

(2) 男の子「あなたは先週末，何をしましたか」 女の子「私は私の兄[弟]といっしょに公園でバドミントンをしました」 男の子「それはいいですね。ぼくにも兄[弟]がいたらなあ」

解説

3(1)「休憩する」は have a break。

(2)「～と握手する」は shake hands with ～。

(3)「～をきれいに掃除する」は clean up ～。

4(1)「今自分のカメラを持っていないので，お貸しできません」≒「今自分のカメラを持っていれば，お貸しできるのですが」

(2)「申し訳ございませんが，あなたをお手伝いできません」≒「あなたをお手伝いできればよいのですが」

(3)「メグは病気なので，今日は学校に行きません」≒「もし病気でなければ，メグは学校に行くのですが」

5(1) 実際は「私」は鳥ではないので，仮定法過去で現在の事実と違うことを仮定する〈If＋主語＋動詞の過去形，主語＋would[could]＋動詞の原形〉の形にする。「～せずに」は without ～ ing で表す。

(2) 実際は自宅のとなりに「このレストラン」がないと考えられるので，現在の事実と違うことについての願望を表す〈I wish＋主語＋(助)動詞の過去形〉の形にする。「～のとなりに」は next to ～。

6(1)「もし忙しくなければ，(あなたと映画を見に）行くのですが」という意味の，現在の事実とは違うことについての仮定を表す文にする。

(2)「夏休みがもっと長ければいいのに」という意味の，現在の事実とは違うことについての願望を表す文にする。

7(1) 第2段落1～2文目参照。

(2) 第3段落1文目参照。

(3)(a)「ポナンザは誕生してからずっと人間よりも強い棋士です」第2段落最終文参照。2013年に熟練の棋士に勝つまでは，人間よりも強いというわけではなかったと考えられる。

(b)「現在，AI は人々に将棋を教える道具として使われています」第3段落最終文参照。

まとめテスト●第2回　pp. 64 ～ 65

1 (1) 買えない　(2) 苦手

2 (1) 処理する，整理する　(2) 敵，敵対者
(3) 熟練者，達人　(4) quickly
(5) chance　(6) nobody

3 (1) both, and　(2) searching for
(3) By the way

4 (1) practiced　(2) had　(3) would help

5 (1) I wish he liked to visit museums.
(2) If there were a hamburger shop near my house, I would go there.

6 (1) (例) If I had three million yen now, I would travel around[all over] the world.
(2) (例) I wish I could speak English as well as Ken.

7 (1)(a) じょうずに速く見つける
(b) 正確に手術をする
(c) 仕事を失う
(d) 患者の感情を理解しない
(2) convenient
(3) from now on

台本

1(1) Fred : I'm hungry. ／ Asuka : I'm hungry too. If I had some money, I could buy some food.

(2) Asuka : The pictures we saw today were very beautiful. ／ Fred : Yes. I wish I could paint pictures well too.

《和訳》(1)フレッド「ぼくはおなかがすきました」 明日香「私もおなかがすきました。もし私にいくらかお金があったら，食べものを買

うことができるのですが」
(2) 明日香「私たちが今日見た絵はとても美しかったですね」 フレッド「はい。ぼくもじょうずに絵が描けたらなあ」

解説

3(1)「～と…の両方」は both ～ and ...。
(2)「～をさがす」は search for ～。
(3)「ところで」は by the way。

4(1) 日本語から，実際は「彼女」は練習をしないと考えられるので，仮定法過去を使って表す。
(2) 日本語から，実際は「私」にもっと多くの自由な時間はないと考えられるので，動詞の過去形を使って願望を表す。
(3) 日本語から，実際はトムが「ここ」にいないと考えらえるので，仮定法過去を使って表す。

5(1) 実際は「彼」は美術館を訪れるのが好きではないと考えられるので，現在の事実と違うことについての願望を表す〈I wish＋主語＋(助)動詞の過去形〉の形にする。
(2) 実際は家のそばにハンバーガーショップがないと考えらえるので，仮定法過去で現在の事実と違うことを仮定する。「～があれば」なので，If のあとに there were ～を続ける。

6(1)「もし今 300 万円を持っていたら，私は世界じゅうを旅行するでしょう」という意味の，現在の事実とは違うことについての仮定を表す文にする。
(2)「健と同じくらいじょうずに英語を話せたらなあ」という意味の，現在の事実とは違うことについての願望を表す文にする。「～と同じくらい…」は as ... as ～。

7(1)(a) 第１段落の５文目参照。
(b) 第１段落の６文目参照。
(c) 第１段落の８文目参照。
(d) 第１段落の９文目参照。
(2) 第１段落最初の文参照。
(3)「これからは」は from now on。

Reading ② Special Project / Word Web ③

まとめテスト●第１回 pp. 66 ～ 67

1 (1) イ (2) ア (3) ア

2 (1) 北の，北部地方の (2) 解決策
(3) group (4) hide

3 (1) One day (2) was born
(3) were moved[touched]

4 (1) They call the cat Kuro.
(2) The soccer game made us excited.
(3) We had to leave home soon.

5 (1) ① listening ③ attacked
(2) 世界における子どもたちの教育の権利
(3) 自分の町でのみじめな生活についてブログに書いたことで，タリバンの怒りを買ったから。
(4)(a) 自由に学校に行く
(b) 本をショール[肩かけ]の下にかくす
(5)(a) She was born on July 12, 1997.
(b) Yes, they did.

台本

1(1) I was born on August 30.
(2) I was moved by this book.
(3) The news made me angry.
《和訳》(1)「私は８月 30 日に生まれました」
(2)「私はこの本に感動しました」
(3)「その知らせは私を怒らせました」

解説

3(1)「ある日」は one day。
(2)「生まれる」は be born。
(3)「その映画に感動させられた」と考え，be moved[touched] by ～で表す。

4(1)「～を…と呼ぶ」は〈主語＋call＋～(人など)＋...(名詞)〉の形を使って表す。
(2) 語群に us と made があることから，「そのサッカーの試合は私たちを興奮させた」と考え，〈主語＋make＋～(人など)＋...(形容詞)〉の形にする。
(3)「～しなければならなかった」は had to ～

で表す。

5(1) ① 直後にto her speechと文の動詞wereがあることに注目。listeningを入れてlistening to her speechでAll the peopleを説明する形にすると意味が通る。

③ 直前にあるマララさんが狙撃《そげき》されたという記述を受けて「なぜ〜」と述べていると考えられるので，attackedを入れて「なぜ彼女は襲われたのでしょうか」とする。

(2) 第１段落４文目参照。

(3) 第４段落１〜２文目参照。

(4) 第３段落６〜７文目参照。

(5)(a)「マララさんはいつ生まれましたか」第１段落４文目と最後の文参照。

(b)「スワート渓谷の人々はタリバンのせいで自由を失ったのですか」第３段落３〜５文目参照。

まとめテスト●第２回　pp. 68 〜 69

1 (1) ○　(2) ×　(3) ○

2 (1) 効果的な，有効な
(2) ただちに，すぐに　(3) opinion
(4) recover

3 (1) instead of　(2) ever since
(3) speak out

4 (1) They made me the leader of the team.
(2) Masato was the youngest boy to join the contest.
(3) Let me go to the concert with you.

5 (1) taken　(2) ウ
(3)(a) 教育の権利
(b) もっとも若い年齢で[最年少で]
(c) ノーベル平和賞
(4) ア
(5) すべての少年少女が学校に通っているという未来。
(6) イ　(7)(a) ○　(b) ×

台本

1 Ben : It's raining and we can't play badminton. ／ Satomi : Then, instead of playing it, let's watch some movies in my house. ／ Ben : That's a good idea. ／ Satomi : Let me know what time you will come.

《和訳》ベン「雨が降っていて，私たちはバドミントンができません」 里美「では，それをする代わりに，私の家でいくつか映画を見ましょう」 ベン「それはいい考えですね」 里美「あなたが何時に来るか，私に知らせてください」

解説

3(1)「〜の代わりに」はinstead of 〜。

(2)「それ以来ずっと」はever since。

(3)「率直に意見を述べる」はspeak out。

4(1)〈make＋〜(人など)〉に〈...(名詞)〉を続けると，「〜(人など)を…(名詞)にする」という意味の表現になる。

(2)「そのコンクールに参加した最年少の男の子」はthe youngest boy「最年少の男の子」を形容詞的用法の不定詞to join the contest「そのコンクールに参加する」で説明する形で表す。

(3)〈let＋人など＋動詞の原形〉の形で「〜が…するのを許す，〜に…させてやる」という意味になる。

5(1) 直前にbe動詞wasがあることに注目。主語がsheで，あとにto a hospital「病院へ」とあるので，受け身を表す文にする。

(2) どのような社会であれば，１つの声でもより力強くなるのかを考えると，silent「沈黙した，静かな」が適切。

(3) 第１段落３〜４文目と第２段落参照。

(4) 空所を含むこの発言で，マララさんは，戦争に関するものを送る代わりに教育に関するものを送るよう伝えている。soldiers「兵士」という「人」に対応した教育に関するものを考えるとteachers「先生」が適切。

(5) 直後の文参照。

(6) 第４段落１文目で「今日は私たちに夢を見させてください」とあるので，Aにはdreams「夢」が入ると考えられる。また，Bにはdreamsと対になるreality「現実」を入れると，「今日の夢を明日の現実にする」

→「夢を実現する」という内容になり，意味が通る。

(7)(a)「マララさんへの攻撃についてのニュースは，世界じゅうで知らされました」第1段落1文目参照。

(b)「マララさんによれば，戦争をすることはもう1つの戦争を終わらせる有効な方法です」第3段落1文目参照。

Further Reading ①

まとめテスト●第1回　pp. 70 ～ 71

1 (1) ○　(2) ×　(3) ×

2 (1) 成功した　(2) ばかばかしい，ばかげた
(3) recent　(4) audience

3 (1) Over the years　(2) In, recent past
(3) was filled

4 (1) The cakes in the case looked delicious.
(2) Some money and food were given to us.
(3) They have been playing a video game for two hours.

5 (1) ① heard　④ given
(2) イ
(3) 最初はばかばかしく見えるが，まじめな研究
(4) more than, in a row
(5) 直前：*karaoke*　直後：Actually
(6)(a) Because he invented *karaoke*.
(b) They make scientific presentations.

台本

1(1) A boy is making a speech.
(2) This room is filled with people.
(3) The audience looks bored.

《和訳》(1)「男の子が1人，スピーチをしています」
(2)「この部屋は人でいっぱいです」
(3)「観客は退屈しているように見えます」

解説

3(1)「ここ何年かの間で」はover the years。

(2)「最近に」はin the recent past。

(3) 直後にwithがあるので，「～でいっぱいである」はbe filled with ～で表す。

4(1)〈look＋形容詞〉で「～に見える」。「ケースの中のケーキ」はthe cakesをin the caseで説明する形で表す。

(2)〈give＋もの＋to＋人〉の〈もの〉を主語にした文にする。

(3)「ずっと～している」と現在まで続いている動作を表す場合は現在完了進行形〈have [has] been＋動詞の -ing形〉で表す。

5(1) ① 現在完了の疑問文なので，動詞は過去分詞形にする。

④ 直前にbe動詞wasがあり，主語がthe Ig Nobel Peace Prize「イグノーベル平和賞」なので，「与えられた」となるように過去分詞形givenにすると意味が通る。

(2) 空所のあとの内容は，直前にあるThe awards go to “Improbable Research”とはどういうことなのかを具体的に説明したものと考えられる。よって，in other words「つまり，言い換えれば」が適切。

(3) 直後の文参照。

(4)「～以上」はmore than ～，「続けて」はin a rowで表す。

(5)「多くのほかの日本人も最近その賞を受賞しました」という意味の文なので，直前には賞を受賞した日本人についての記述があると考えられる。井上大佑《だいすけ》氏についての記述がある第2段落3文目のあとに入れれば自然な流れになる。

(6)(a)「なぜ井上大佑氏はイグノーベル賞を獲得したのですか」第2段落3文目参照。

(b)「イグノーベル賞受賞者は授賞式でスピーチをしたあとに何をしますか」第3段落最終文参照。

まとめテスト●第2回　pp. 72 ～ 73

1 (1) ×　(2) ×　(3) ○

2 (1) 発見　(2) (研究)発表，プレゼンテーション
(3) increase　(4) curiosity

3 (1) Bend over　(2) At first
(3) by yourselves

4 (1) This small bird is called "*suzume*" in Japanese.
(2) This medicine will make you feel better.
(3) I don't know how much time I will need to finish this homework.

5 (1) かがんで脚の間から見るという，またのぞきをしてものを見ると，それが本来より小さく見えるということ。
(2) イ
(3)(a) Yes, it does.
(b) They are (just) given 60 seconds to talk about their research.
(4)(a) ×　(b) ○　(c) ○

台本

1　Kenta: This is my favorite book, "John's Daily Life." It's about a dog called John which does many funny things. It looks a little thick, but I'm sure it makes you laugh a lot.
《和訳》健太「これはぼくのお気に入りの本，『ジョンの日常生活』です。それはジョンと呼ばれる，多くのおかしなことをするイヌについてです。それは少し厚く見えますが，きっとあなたたちをたくさん笑わせるはずです」

解説

3(1)「かがむ」は bend over。
(2)「はじめは」は at first。
(3) by oneself で「～自身で，～の力だけで」という意味になる。「あなたたちだけで」なので by yourselves とする。

4(1)〈call＋～(人など)＋…(名詞)〉「～を…と呼ぶ」の〈～(人など)〉の部分を主語にした受け身を表す文にする。「～(言語)で」は in ～。
(2) make があることから，「この薬があなたをよい気分にさせるでしょう」と考え，〈主語＋will make＋～(人など)＋動詞の原形〉の形にする。
(3)「どのくらいの時間が必要になるのか」という疑問文で表される内容を know の目的語として置くので，〈疑問詞＋主語＋動詞〉の形を使う。ここでは，how much time で1つの疑問詞の役割を果たさせることに注意。

5(1) 直後の文参照。
(2) 空所の前後で，賞金をもらえるノーベル賞受賞者と賞金をもらえないイグノーベル賞受賞者のことが対比されている。よって，On the other hand「一方，それに対して」が適切。
(3)(a)「イグノーベル賞の団体は人々にもっと好奇心を持ってもらいたいと思っていますか」第3段落4文目参照。
(b)「イグノーベル賞受賞者は何を与えられますか」第4段落最終文参照。
(4)(a)「またのぞきについての発見は東山氏という名前の1人の日本人科学者によって発見されました」第1段落参照。
(b)「東山氏が2016年の授賞式でまたのぞきを行ったとき，イグノーベル賞受賞者は彼とまたのぞきに挑戦しました」第2段落3文目参照。
(c)「イグノーベル賞の団体は，またのぞきについての研究を知ると，人々は笑い，考えるだろうと考えています」第3段落3文目参照。

Further Reading ②

まとめテスト●第1回　pp. 74 ～ 75

1 (1) ○　(2) ○　(3) ×

2 (1) 封筒　(2) 確かに，必ず
(3) lady　(4) promise

3 (1) tugged on　(2) get along
(3) might as well

4 (1) If you hand in this sheet, you will be allowed to use this library.
(2) The boy seemed surprised when he saw the tiger.

(3) Have you got used to living in Japan yet?

5 (1) in the[this] library
(2) 図書館にライオンについての規則がなかったから。
(3) ③ kept　④ began
(4) (例) お話会が終わってしまって悲しかったから。
(5)(a) To tell her that there was a lion in the library. [Because he saw a lion in the library.]
(b) He had to (promise to) be quiet.

台本

1 (1) The boy reading a book seems sleepy.
(2) There aren't any people using a computer.
(3) You are allowed to eat and drink in this library.
《和訳》(1)「本を読んでいる男の子は眠そうに見えます」
(2)「コンピュータを使っている人は1人もいません」
(3)「この図書館で食べたり飲んだりすることは許されています」

解説

3 (1)「〜を引っぱる」は tug on 〜。tug の過去形は g を重ねてから ed をつける。
(2)「うまくやっていく」は get along。
(3)「〜する方がよい」は might as well 〜。絶対にすべきだというほどではないが，ほかに選択肢がないからした方がいい，というような内容の提案をするときに使う。
4 (1) be allowed to 〜で「〜することが許される」という意味になる。
(2)〈seem＋形容詞〉で「〜のように見える」という意味になる。
(3) get used to 〜ing で「〜することに慣れる」という意味になる。
5 (1) ライオンが図書館に現れたことについてマクビーさんとメリーウェザーさんが話している場面。下線部の him は a lion を指す。
(2) 直後の文参照。
(3) 過去の話題なので，過去形にする。不規則変化に注意。
(4) 直前の5文参照。
(5)(a)「なぜマクビーさんはメリーウェザーさんのところに走って行ったのですか」第1段落3〜7文目参照。
(b)「ライオンはお話会に戻ってきたければ何をしなければなりませんでしたか」第3段落8〜9文目参照。

まとめテスト●第2回　pp. 76 〜 77

1 (1) ×　(2) ○　(3) ×

2 (1) もし〜でなければ　(2) 近所，近隣
(3) notice　(4) ignore

3 (1) don't, either　(2) turned around
(3) burst into

4 (1) It is important to look reality right in the eye.
(2) I thought you might like to know about the problem.
(3) If you want to join us, send me an email as soon as you can.

5 (1) ライオンをさがすため。
(2) 正当な理由があるのでなければ，ほえてはならない。
(3)(a) ×　(b) ○　(c) ○　(d) ×

台本

1 Kazuya : Our teachers tell us to read as many books as we can. ／ Emma : Yes, but I don't like reading very much. ／ Kazuya : I don't, either. But I love reading comic books. ／ Emma : I like it, too. I wish we were allowed to read them at school.
《和訳》和也「ぼくたちの先生はできる限り多くの本を読むように私たちに言います」エマ「はい。しかし私は読書があまり好きではありません」 和也「ぼくもです。しかし，ぼくはマンガを読むことは大好きです」エマ「私もそれが好きです。学校でそれら

を読むことが許されていればなあ」

解説

3(1)「～も…ない」と言う場合は，否定文の文末に〈, either〉を置く。〈, too〉は「～も…である[する]」と言う場合に肯定文の文末に置く。使い分けに注意。

(2)「ふりむく」は turn around。

(3)「～に飛び込む」は burst into ～。burst は過去形・過去分詞形も burst。

4(1) look ～ right in the eye で「～を直視する」という意味になる。語群に it があるので，「…することは～です」は〈It is ～ to ....〉の文で表す。

(2) might like to ～で「～しておいた方がよいかもしれない」という意味になる。

(3)「できるだけ早く」は as ～ as ... can「…ができるだけ～」を使って表す。

5(1) 下線部以降の内容から考える。

(2) 直後の文参照。

(3)(a)「メリーウェザーさんはマクビーさんに，ライオンに図書館に戻ってくるように言ってくれと頼みました」メリーウェザーさんがマクビーさんに何かを頼んだという記述はない。

(b)「マクビーさんがライオンを見つけたとき，ライオンは図書館のガラスのドアの前に座っていました」第２段落最後の２文参照。

(c)「メリーウェザーさんはライオンに会いに行くために図書館の廊下を走りました」第４段落最後の２文と第５段落１文目参照。

(d)「この物語は私たちに，規則を破ることはとても大切だということを伝えています」第６段落参照。

定期テスト予想問題４●第１回 pp. 78 ～ 79

1 (1)(a) イ　(b) ア　(2) ア

2 (1) Clean up　(2) get used to getting
(3) speak out

3 (1) ウ　(2) エ

4 (例) I wish I could sing as well as this girl.

5 (1) cannot decide which one to buy
(2) ロボット掃除機を買うこと。
(3) 搭載されている人工知能が部屋の地図を記憶するから。
(4)(a) ×　(b) ×　(c) ○　(d) ○

台本

1 (1)(a) Man : How about this bag? You like brown, right? ／ Woman : Yes, it looks nice. How much is it? ／ Man : It's 80 dollars. // Woman : ア I wish I had a bag now. ／イ I wish it were cheaper. ／ウ I wish it were brown.

(b) Boy : I want to be a doctor or a teacher in the future. ／ Girl : You have a nice dream. ／ Boy : But I can't choose one. If you were me, what would you do? // Girl : ア I would get ideas from my friends. ／ イ I want to be a doctor in the future. ／ウ I don't have any dreams for the future.

(2) Boy : Kana, I'm going to go to a science museum next Sunday. ／ Girl : Oh, really? That sounds nice. ／ Boy : It will have an interesting event. Let's go together. ／ Girl : I wish I could.
Question : What do we learn about Kana?

《和訳》(1)(a)男性「このかばんはどうですか。あなたは茶色が好きですよね」 女性「はい，それはすてきに見えます。それはいくらですか」 男性「80 ドルです」 女性 ア「私が今，かばんを持っていたらなあ」 イ「それがもっと安ければなあ」 ウ「それが茶色だったらなあ」

(b) 男の子「ぼくは将来，医者か先生になりたいです」 女の子「あなたはいい夢を持っていますね」 男の子「しかしぼくは１つを選ぶことができません。もしあなたがぼくなら，どうしますか」 女の子 ア「私は私の友だちから考えを得るでしょう」 イ「私は将来，医者になりたいです」 ウ「私には将来の夢が何もありません」

(2) 男の子「加奈，ぼくは次の日曜日，科学博物館へ行くつもりです」 女の子「ああ，本当ですか。それはよさそうですね」 男の子「それはおもしろいイベントを開くでしょう。いっしょに行きましょう」 女の子「そうできたらなあ」

質問「加奈についてどんなことがわかりますか」

解説

2 (1)「～をきれいに掃除する」は clean up ～。

(2)「～することに慣れる」は get used to ～ing。

(3)「率直に意見を述べる」は speak out。

3 (1) 数学が好きではないという男の子の発言を受けての女の子の発言。空所の直後に「それは私にとって難しいです」と言っていることから，女の子も数学が好きではないと考えられる。ウ「私もそれが好きではありません」が適切。

(2) イベントに行くことに誘われた男の子の発言。空所の直後に「その日，私は妹[姉]のために家にいなければなりません」と言っていることから，男の子はイベントに行けないとわかる。エ「あなたたちに加わることができればよいのですが(できません)」が適切。

4 イラストより，梨沙はテレビでじょうずに歌を歌っている女の子を見てうらやましがっていることがわかる。「私がこの女の子と同じくらいじょうずに歌えたらいいのですが」などという意味の文にするとよい。

5 (1)「どの掃除機を買えばよいか決めることができません」という意味の文にする。〈疑問詞＋to＋動詞の原形〉で「疑問詞の意味（どう，何を，いつ　など）＋～すればよいか」という意味になる。ここでは，which one (=vacuum cleaner)「どの掃除機」で1つの疑問詞の役割を果たすことに注意。

(2) 直前の文参照。

(3) ヘレンの3つ目の発言参照。

(4)(a)「ダニエルがヘレンに話しかけたとき，ヘレンはロボット掃除機をさがしているところでした」ダニエルの最初の発言～ヘレンの2つ目の発言参照。ヘレンがロボット掃除機を買うことを考えたのは，ダニエルが提案したあと。

(b)「ダニエルはヘレンに，なぜロボット掃除機が異なる形の部屋を掃除することができるのかを話しました」ダニエルの3つ目の発言とそれに対するヘレンの応答参照。ヘレンがダニエルに話した。

(c)「ダニエルはロボット掃除機に人工知能が搭載されているということを知りませんでした」ダニエルの3つ目の発言～ダニエルの4つ目の発言参照。

(d)「ダニエルが気づいた人工知能についての問題は，私たちがそれらのためにものをたくさん買いすぎてしまうということである」ダニエルの最後の発言参照。

定期テスト予想問題4●第2回　pp. 80 ～ 81

1 (1)(a) イ　(b) ア　(2)(a) ウ　(b) エ

2 (1) shake hands with

(2) as many, as, can　(3) search for

3 (1) ア　(2) ア

4 (例) I would go to meet Sakamoto Ryoma.

5 (1) stood on, toes

(2)(a) 大きく口を開けて人生で最も大きな声でほえるという行動。

(b) メリーウェザーさんが助けを求めていることをマクビーさんに伝えるため。

(3)(a) Because she wanted to get a book which was just out of reach.

(b) She asked him to go and get Mr. McBee.

台本

1 (1)(a) Boy : My father gave me this tennis racket. ／ Girl : Great.　Are you good at tennis? ／ Boy : No, I'm not good at it.　How about you? // Girl : ア　I like tennis very much, too. ／イ　I can't play it well, either. ／ウ　I also got a new racket.

(b) Girl : What's the matter, Ben? ／ Boy : It's the last day of my summer vacation today. ／ Girl : I see. So you look sad. // Boy : ア　Yes, I wish it were longer. ／イ　Yes, I wish we had the summer vacation. ／ウ　Yes, I wish I weren't so busy.

(2)(a) Girl : This is my brother, Kenji. We often go to the park and play sports together. ／Boy : That sounds great. I don't have any brothers. ／Girl : If you had one, what would you want to do with him? ／Boy : The same thing you do with your brother.

Question : If the boy had a brother, what would he want to do with him?

(b) Man : Last Sunday, Ayaka was talked to by a man from the U.S.A. in English. He wanted to learn how to get to the station, but she couldn't tell it to him. After that, she thought, "If I could speak English, I could help people like him."

Question : What is true about last Sunday?

《和訳》(1)(a)男の子「ぼくの父がぼくにこのテニスラケットをくれました」 女の子「すごいですね。あなたはテニスが得意ですか」 男の子「いいえ，ぼくはそれが得意ではありません。あなたはどうですか」 女の子　ア「私もテニスが大好きです」 イ「私もそれを上手にできません」 ウ「私も新しいラケットを手に入れました」

(b) 女の子「どうしましたか，ベン」 男の子「今日はぼくの夏休みの最後の日です」 女の子「なるほど。だからあなたは悲しそうに見えるのですね」 男の子　ア「はい，それがもっと長ければなあ」 イ「はい，ぼくたちに夏休みがあればなあ」 ウ「はい，ぼくがそんなに忙しくなければなあ」

(2)(a)女の子「こちらは私の兄の健司です。私たちはよく公園へ行っていっしょにスポーツをします」 男の子「それはすばらしそうですね。ぼくには兄弟が１人もいません」 女の子「もしあなたに兄弟がいたら，あなたは彼と何をしたいですか」 男の子「あなたがあなたのお兄さんとするのと同じことです」

質問「もし男の子に兄弟がいたら，彼は彼と何をしたいと思うでしょうか」

(b) 男性「この前の日曜日，彩香はアメリカから来た男性に英語で話しかけられました。彼はどうやって駅へ行くかを知りたかったのですが，彼女は彼にそれを伝えることができませんでした。そのあと，彼女は「もし私が英語を話せたら，彼のような人々を助けられるのに」と思いました。

質問「この前の日曜日について，正しいのはどれですか」

解説

2(1)「～と握手する」はshake hands with ～。

(2)「あなたができるだけ～」と考えて，as ～ as you can を使って表す。

(3) 指定の文字より，「～をさがす」は search for ～で表す。

3(1) 女の子は最後に「なぜなら，私は空から市を見たいからです」と言っている。ア「私が鳥である」を入れると自然な流れになる。

(2) 男の子が直後に「彼女(＝エマ)は動物がとても好きです」と言っていることから，ア「私はとてもうれしく，わくわくするでしょう」が適切。

4　「もしタイムマシンを持っていたら，それで何をしますか」という質問。仮定法過去の質問なので，答えるときにも仮定法過去を使う。

5(1)「つま先立ちをした」は「足の指で立った」と考え，stand on one's toes で表す。stand の過去形は stood。

(2)(a) 第４段落最後の２文参照。

(b) 下線部の直前までの内容参照。

(3)(a)「メリーウェザーさんはなぜ踏み台を使ったのですか」第１段落１～２文目参照。

(b)「メリーウェザーさんはライオンに何をしてくれるよう頼みましたか」第2段落参照。

高校入試問題対策　pp. 82 ～ 87

1 (1)(a) イ　(b) イ
(2)(a) エ　(b) ア　(c) ウ
(3)(a) エ　(b) イ
(4)(a) 夏祭り
(b) イヌが病気である[イヌの調子が悪い]
(c) 話を聞かせて

2 (1) ウ　(2) エ　(3) イ

3 (1) told me to help them clean their rooms
(2) Do you know which bus we should take

4 (1) プロのサッカー選手がサッカー選手としての自身の経験について翔太にたくさん話したこと。
(2)(a) イ　(b) カ　(c) ア　(d) オ
(3) ウ，エ，カ

5 (例) I think spring is the best season because you can see beautiful blossoms in many places.

6 (1)(a) ウ　(b) エ
(2) (例) このまま宿泊客の人数が減り続けると，旅館を閉めなければならなくなるだろうということ。(42字)
(3) D
(4) 日本人の生活が西洋化しているから。
(5)・ベッドやいすの貸し出しサービスを始めること。
・インターネット上に旅館の情報をたくさん掲載すること。

台本

(1)(a) Boy : What are you going to do this winter? ／ Girl : I'm going to visit my old friend in Hokkaido. ／ Boy : Do you have any plans about things to do with the friend? // Girl : ア　Yes, I haven't decided yet. ／イ　Yes, I hope to enjoy skiing with her. ／ウ　Yes, I'd like to meet her very much.

(b) Girl : What do you usually do on weekends? ／ Boy : I usually go to the park to play tennis. ／ Girl : How about on rainy days? // Boy : ア　No, I don't like them. ／イ　I practice the guitar in my room. ／ ウ　I'll go there by bus instead.

(2)(a) Boy : Look. This is a picture of my dogs. ／ Girl : Wow, they have beautiful white hair. ／ Boy : Yes. The dog sleeping under the bed is Koro, and the other one drinking water is Leo. ／ Girl : I see. I want to meet them.
Question : Which picture is the girl looking at?

(b) Girl : If you are free next Sunday, let's go to this event at Asahi Museum together. ／ Boy : That's good. I'll go with you. What time will they open it? ／ Girl : At ten in the morning, so let's meet in front of the station an hour before they open it. ／ Boy : OK. We can take a bus at 9:15 then.
Question : What time will they meet?

(c) Girl : Among my classmates, P.E. is the most popular subject. It was chosen by five boys and four girls. Math is more popular than science. English is the most popular among girls, and more popular than science, but it is not as popular as math.
Question : Which shows the answers from the girl's classmates?

(3) Boy : Hello, I'm Takashi. Look at this. My eighteenth birthday came

yesterday, and this is a birthday present from my uncle. I like taking pictures very much, so I was happy when I got it. Next Sunday, I'm going to go to a mountain with my father. There are a lot of birds in the mountain, so I'll take some pictures of them and send them to my uncle. I hope he will be happy.

Question (a) : What did Takashi probably get from his uncle?

Question (b) : What will Takashi do?

(4) Emily : Hi, Nao. This is Emily. I'm really sorry, but I can't go to the summer festival with you and your brother today. My dog has been sick since this morning, and I want to stay with him. You are going to come to school tomorrow, right? Let me hear your story about the festival then. Bye.

《和訳》 (1)(a)男の子「この冬は何をするつもりですか」 女の子「私は北海道にいる古い友人を訪ねるつもりです」 男の子「その友だちとすることについて計画はありますか」 女の子 **ア**「はい，私はまだ決めていません」 **イ**「はい，彼女とスキーを楽しみたいです」 **ウ**「はい，私は彼女にとても会いたいです」 (b)女の子「あなたはたいてい週末は何をしますか」 男の子「ぼくはたいていテニスをしに公園に行きます」 女の子「雨の日はどうですか」 男の子 **ア**「いいえ，ぼくはそれらが好きではありません」 **イ**「ぼくは部屋でギターを練習します」 **ウ**「ぼくは代わりにそこへバスで行きます」

(2)(a) 男の子「見て。これはぼくの犬の写真です」 女の子「わあ。きれいな白い毛ですね」 男の子「はい。ベッドの下で眠っている犬がコロで，水を飲んでいるもう1匹がレオです」 女の子「わかりました。私は彼らに会いたいです」 質問「女の子が見ている写真はどれですか」 (b) 女の子「もし次の日曜日にひまなら，アサヒ博物館のこのイベントにいっしょに行きましょう」 男の子「いいですね。あなたといっしょに行きます。何時に開館するのですか」 女の子「朝の10時なので，開館の1時間前に駅の前で会いましょう」 男の子「わかりました。では，9時15分のバスに乗ることができます」 質問「彼らは何時に会いますか」 (c) 女の子「私のクラスメイトの間では体育が最も人気の教科です。それは5人の男の子と4人の女の子に選ばれました。数学は理科よりも人気です。英語は女の子の間では最も人気で，理科よりも人気ですが数学ほど人気ではありません」 質問「どれが女の子のクラスメイトからの回答を示していますか」

(3) 男の子「こんにちは，ぼくは隆司です。これを見てください。昨日はぼくの18歳の誕生日でした，これはおじからの誕生日プレゼントです。ぼくは写真を撮ることがとても好きなので，それをもらってうれしかったです。今度の日曜日に，父と山に行きます。山にはたくさんの鳥がいるので，それらの写真を何枚か撮っておじに送ります。彼が喜んでくれるとうれしいです」

質問(a)「隆司はおじさんからおそらく何をもらいましたか」

質問(b)「隆司は何をしますか」

(4) エミリー「こんにちは，奈緒。エミリーです。とても申し訳ないのですが，今日，あなたとあなたのお兄さん[弟さん]と夏祭りに行けません。私の犬が今朝から病気なので，彼といっしょにいてあげたいのです。あなたは明日学校に来ますよね。そのときに祭りについての話を聞かせてください。さようなら」

解説

2(1) 主語 One of my American friends「私のアメリカ人の友だちの1人」は三人称単数。文末の when I got home「私が帰宅したとき」から過去の文だとわかる。

(2) since this morning「今朝からずっと」とあることに注目。過去のあるときに始まった動作が現在まで続いていることを表すには現在完了進行形〈have[has] been＋動詞の -ing 形〉を使う。

(3) 空所のあとに動詞 was があることに注目。

過去分詞 found を入れて，「その男性のかばんの中から見つかった大きなルビーの付いた指輪は～」とすると意味が通る。

3(1)「姉たち[妹たち]は私に部屋を掃除するのを手伝うように言いました」〈tell ～(人) to ...〉で「～(人)に…するように言う」，〈help＋人など＋動詞の原形〉で「～が…するのを手伝う」という意味になる。

(2)「あなたは私たちがどのバスに乗るべきかを知っていますか」know の目的語に〈疑問詞＋主語＋助動詞＋動詞〉の形を置く。

4(1) 直前の文参照。

(2)(a)(d) 翔太の３つ目の発言とそれに続くケイトの発言参照。

(b) ケイトの５つ目の発言参照。

(c) 翔太の２つ目の発言とそれに続くケイトの発言参照。

(3) **ア**「ブラウン先生は翔太とケイトを含む生徒たちに英語の授業で彼らの夢について尋ねました」ケイトの最初の発言とそれに続く翔太の発言参照。ケイトはアンケートに答えていない。

イ「翔太はプロの選手からサッカーの仕方を習って以来，ずっとサッカーが大好きです」翔太がプロの選手からサッカーの仕方を習ったという記述はない。

ウ「競技場での経験により，翔太はサッカー選手になるという夢を持ちました」翔太の２つ目の発言参照。

エ「ケイトは病院で両親との時間を多く持つことがありませんでしたが，そのことでそれほどひとりぼっちだと感じることはありませんでした」ケイトの６つ目の発言参照。

オ「ケイトが３か月のときに出会った看護師がケイトに大きく影響を与えました」ケイトの６つ目の発言参照。ケイトが看護師に出会ったときに３か月だったのは，ケイトの弟。

カ「表はブラウン先生があるクラスの 33 人の生徒から得た答えを示しています」表参照。１人につき１回答で欠席者無しだったので，人数の合計＝クラスの人数となる。

【全訳】

ケイト：こんにちは，翔太。何を見ているの？

翔太　：おお，やあ，ケイト。ぼくたちの将来の仕事についての表を見ているんだ。この前の月曜日，英語の授業でブラウン先生がぼくたちに，「将来何になりたいですか」と聞いてきて，ぼくたちはその質問に対する答えを書いたんだ。この表はその結果を示しているんだ。

ケイト：あなたは将来何になりたいの？

翔太　：ぼくはサッカー選手になりたいんだ。３歳のときに，お父さんがサッカーの試合を見に競技場に連れて行ってくれたんだ。そのとき，プロの選手の１人と話す機会があったんだ。彼はサッカー選手としての自身の経験についてたくさんのことを話してくれた。そのことでぼくは将来サッカー選手になることに興味を持ったんだ。その日からずっと毎日サッカーを練習しているよ。

ケイト：なるほど。ほかにも５人の生徒が同じ夢を持っているね。

翔太　：うん。そのことでぼくは驚いたよ。「医師」は「教員」と同じくらい人気だよ。

ケイト：あら，「医師」は男子の間で最も人気があって，「教員」は女子の間で最も人気があるんだね。ほかにもいくつかの種類の答えがあるんだね。とてもおもしろいわ。

翔太　：きみには何か将来の夢があるかい？

ケイト：うん，私は看護師として働きたいの。あなたのクラスの１人の男子と３人の女子も同じ夢を持っているね。

翔太　：理由を聞いてもいいかい？

ケイト：もちろん。小学生のとき，私は病気になって１か月入院しなくちゃいけなくなったの。お父さんはふだん忙しくて会いに来られなかったし，お母さんも家で弟の世話をしなくちゃいけなかったの。当時，彼はたった３か月だったから。私は病院で彼らと長くはいっしょにいられなかったけど，あまりひとりぼっちだとは感じなかったわ，その病院で働いている看護師の１人がよく私のところに来てくれたから。

翔太　：おお，本当？　その看護師はきみに何をしてくれたの？

ケイト：たとえば，私とトランプで遊んでくれたわ。それに，寝る前には絵本を読んでくれたの。それはキッチンでおいしい料理を作ろうとするネズミについてのものだったわ。その物語はとてもよくて，今でも覚えているの。退院するとき，私は「彼女のように病気の子どもたちを幸せにしたい」と思って看護師になろうと決めたの。

翔太　：なるほど。その看護師といっしょに過ごした時間がきみに大きく影響を与えたんだね。

ケイト：その通り。

5「私は来年日本を訪れる計画を立てています。どの季節がそこに滞在するのに最適ですか」という質問に答える。最初に四季のうち，どの季節が最適なのかを述べ，そのあとに because などを使って理由を続ける。

6 (1)(a)「高志は毎年夏に，働いている人々を手伝うために祖母の旅館を訪れます」第１段落７～８文目参照。

(b)「高志は旅館に滞在することは人々に日本文化について学ぶ機会を与えると言っています」第５段落最終文参照。

(2) 直後の４文の内容をまとめる。

(3)「それはほかの場所にいる多くの人々が，それらについての情報を持っていないということを意味します」という意味の文。「ほかの場所にいる多くの人々」「情報を持っていない」といった内容から適切な場所を考える。

(4) 第３段落６～９文目参照。

(5) 第５段落３文目と５文目参照。

【全訳】

こんにちは，私は高志です。私は日本の高校生です。ある小さな町に祖母がいます。彼女は70歳でとても活発な女性です。彼女は自身の旅館，つまり日本式の宿を40年くらい前に開き，そのとき以来彼女はそこで働いています。それはとても古いですがよい旅館で，私はそこが大好きです。毎年夏になると，私はその旅館にいる彼女のもとを訪ねますが，それはそこに滞在するためではありません。彼女やほかの従業員の人々と働くのです。旅館での仕事の中には私には難しいものもありますが，そこで働くことを楽しんでいます。その仕事をとおして，旅館に滞在している宿泊客の人々と話す機会を得られるのです。彼らと，特に彼らの旅行について話すことは私にとってとてもおもしろいです。将来，私は祖母と彼女の旅館をもっとよくするために働きたいと思っています。

この前の夏，私はふたたびその旅館を訪れました。そのとき，私は机で何かを読んでいる祖母を見つけました。私は彼女に「何をしているの？」と尋ねました。すると，彼女は驚くべきことを言ったのです。彼女は私に１枚の紙を見せて，「見て。これは宿泊客の数を示したグラフよ。このグラフによると，それはずっと減少し続けているの。この状況が続くと，この旅館を閉めなくちゃならないだろうね」と言いました。私は彼女の旅館が大好きなので，彼女のことばが悲しかったです。同時に，私は旅館のために何かをすることについて考え始めました。

まず，旅行者が旅行の間，どこに滞在するのかについて調べました。そして，同じ問題を抱えるよい旅館がほかにもいくつかあると知りました。また，今日の多くの旅行者が旅館よりもホテルに滞在することを好んでいるということを知りました。なぜ旅行者はそれらのよい旅館に来ないのでしょうか。そのことについて調べ，２つの大きな理由を得ました。その理由の１つは，日本人の生活が西洋化しているということです。たとえば，多くの日本人がたたみの代わりにいすやソファーにすわることを好んでいます。また，彼らは眠るときに床の上に置かれたふとんの代わりにベッドを使うことを好んでいます。これらのことが理由で，多くの人々はホテルで滞在することの方を好んでいるのです。

もう１つの理由は，祖母の旅館を含む，問題を抱えている旅館が，主に地元の人々に知られているということです。【それはほかの場所にいる多くの人々が，それらについての情報を持っていないということを意味します。】旅行のための計画を立てるとき，人々はインターネットやガイドブックなどを使います。それらは日本中からの多くの人々に訪れられているホテルや旅館についての情報をたくさんの美しい写真とともに与えます。なので，多くの旅行者がそのようなホテルまたは旅館に滞在しようと決めてしまうのです。

祖母の旅館を含む地元の旅館は，問題を解決するために何をすべきなのでしょうか。私はそのことについて考え，２つの可能性のある解決策を見つけました。まず，ベッドやいすを貸し出すサービスを始めることが宿泊客にとってよいでしょう。私が言ったように，多くの人々が自宅で西洋式の生活を送っているので，そのサービスが宿泊客にとってよい滞在をする手助けとなるでしょう。２つ目に，彼らにとってインターネット上に彼らの旅館についての情報をたくさん掲載するのがよいでしょう。すると，日本の人々だけでなく外国の人々もそれらに興味を持ってくれるでしょう，なぜなら旅館に滞在することは，彼らがこの国の文化について学ぶ助けとなるのですから。